板書で見る 算数

全単元・全時間の授業のすべて

小学校 5年 上

田中博史 監修

盛山隆雄 著

筑波大学附属小学校算数部 企画・編集

東洋館
出版社

算数好きを増やしたいと願う教師のために
―プロの授業人集団の叡智を結集した『板書で見る全単元・全時間の授業のすべて』―

　本書は『板書で見る全単元・全時間の授業のすべて』のシリーズの第3期になります。

　このシリーズは読者の先生方の厚い支持をいただき累計100万部となる，教育書としてはベストセラーと言えるシリーズとなりました。読者の皆様にあらためて感謝申し上げます。その後，本シリーズのヒットをきっかけに類似の本がたくさん世に出版されましたが，この算数の板書の本は今のブームの先駆けとなった文字通り元祖と言える書だと自負しています。

　板書という言葉は，教育の世界特有の言葉です。文字通り授業で教師が黒板に書くという行為をさしているのですが，日本の初等教育においては，一枚の板書に45分の授業展開を構造的におさめることで，児童の理解を助けることを意識して行っています。

　小学校の先生の間では当たり前になっているこの板書の技術が，実は諸外国の授業においては当たり前ではありません。いや日本においても中等教育以上ではやや価値観が異なる方も見かけます。内容が多いので仕方がないことも理解していますが，黒板に入りきらなくなったら前半の内容を簡単に消してしまったり，思いついたことをそのままただ空いているところに書き加えていったり……。

　これでは，少し目を離しただけでついていけなくなる子どもが出てきてしまいます。子どもの発達段階を考えると小学校では，意識的な板書の計画の役割は大きいと考えます。

　また教師にとっても，45分の展開を板書を用いて計画をたて準備することは，具体的なイメージがわきやすいためよい方法だと考えます。昔から達人と言われる諸先輩方はみんな取り入れていました。その代表が故坪田耕三先生（前青山学院大学，元筑波大学附属小学校副校長）だったと思います。坪田氏の板書は芸術的でさえありました。その後，若い先生たちはこぞって坪田先生の板書を真似し，子どもの言葉を吹き出しを用いて書きこんだり，中心課題をあえて黒板の真ん中に書くなどの方法も取り入れられていきました。

　単なる知識や技能の習得のための板書だけではなく，新学習指導要領の視点として強調されている数学的な見方・考え方の育成の視点から板書をつくることも意識していくことが大切です。すると活動の中でのめあての変化や，それに対する見方・考え方の変化，さらには友達との考え方の比較なども行いやすいように板書していくことも心掛けることが必要になります。子どもたちの理解を助ける板書の文化は，本来は中等教育以上でも，さらには今後は，諸外国においても大切にしていくことが求められるようになると考えます。本書がそうした広がりにも一翼を担うことができれば素晴らしいと考えます。

　本シリーズの第一作目は，この板書を明日の授業設計にも役立てようという趣旨で2003年に東洋館出版社から発刊されました。事の始まりは田中博史と柳瀬泰（玉川大学，元東京都算数

教育研究会会長），高橋昭彦（米国デュポール大学，元東京学芸大学附属世田谷小学校）の三人で1996年に始めたビジュアル授業プランのデータベース化計画に遡ります。当時から日本の板書の文化，技術を授業づくりの大切な要素として考え，これを用いた「明日の授業づくりの計画」に役立てていくことを考えていたわけです。互いの板書を共有化すること，それを文字や表組という分かりにくい指導案の形式ではなく，ビジュアルな板書という形式で保存をしていくことを考えたのです。残念ながら当時は一部分のみで完成にはいたりませんでしたが，時を経て，2003年の東洋館出版社の本シリーズの第一作目では1年から6年までの算数の全単元，全時間のすべてを全国の力のある実践家にお願いしておさめることに成功しました。全単元，全時間のすべてを板書を軸にしておさめることに取り組んだ書籍は，当時は他になかったと記憶しています。

　今回のシリーズも執筆者集団には，文字通り算数授業の達人と言われる面々を揃えました。子どもの姿を通して検証された本物の実践がここに結集されていると思います。

　特に，上巻では筑波大学附属小学校の算数部の面々が単著として担当した書もあります。2年は山本良和氏，3年は夏坂哲志氏，4年は大野桂氏，5年は盛山隆雄氏が一冊すべてを執筆しました。さらに6年は関西算数教育界の第一人者である尾﨑正彦氏（関西大学初等部）が書き上げています。他に類を見ない質の高さが実現できました。

　1年は，下巻で予定している共著の見本となることを意識し，筑波大学附属小学校の中田寿幸氏，森本隆史氏，さらに永田美奈子氏（雙葉小学校），小松信哉氏（福島大学）に分担執筆をしていただきました。総合企画監修は田中がさせていただいております。

　本シリーズの下巻は，この上巻の1年の書のように全国算数授業研究会や各地域の研究団体で活躍している，力のある授業人の叡智を結集したシリーズとなっています。

　さらに今回は，各巻には具体的な授業のイメージをより実感できるように，実際の授業シーンを板書に焦点を当て編集した授業映像DVDも付け加えました。

　明日の算数授業で，算数好きを増やすことに必ず役立つシリーズとなったと自負しています。

　最後になりましたが，本シリーズの企画の段階から東洋館出版社の畑中潤氏，石川夏樹氏には大変お世話になりました。この場を借りて厚くお礼を申し上げる次第です。

令和2年2月

板書シリーズ算数　総合企画監修

「授業・人」塾　代表　田中　博史

前筑波大学附属小学校副校長・前全国算数授業研究会会長

板書で見る
全単元・全時間の授業のすべて
算数 5年上

目　次

板書で見る全単元・全時間の授業のすべて
算数 小学校 5 年上
目次

9　分数と小数，整数の関係　5時間

本書活用のポイント

本書は読者の先生方が，日々の授業を行うときに，そのまま開いて教卓の上に置いて使えるように と考えて作成されたものです。1年間の算数授業の全単元・全時間の授業について，板書のイメージ を中心に，展開例などを見開きで構成しています。各項目における活用のポイントは次のとおりです。

題名

本時で行う内容を分かりやすく紹介 しています。

目標

本時の目標を端的に記述しています。

本時の板書例

45分の授業の流れが一目で分かる ように構成されています。単なる知識 や技能の習得のためだけではなく，数 学的な見方・考え方の育成の視点から つくられており，活動の中でのめあて の変化や，それに対する見方・考え方 の変化，さらには友達との考え方の比 較なども書かれています。

また，吹き出しは本時の数学的な見 方・考え方につながる子どもの言葉と なっており，これをもとに授業を展開 していくと効果的です。

授業の流れ

授業をどのように展開していくのか を，4～5コマに分けて紹介してい ます。

学習活動のステップとなるメインの 吹き出しは，子どもが主体的になった り，数学的な見方・考え方を引き出す ための発問，または子どもの言葉と なっており，その下に各留意点や手立 てを記述しています。

青字のところは，授業をうまく展開 するためのポイントとなっています。 予想される子どもの発言例は，イラス トにして掲載しています。

本時案 授業DVD

計算の仕方を 考えよう

1/13

本時の目標
・整数÷小数の問題について，式や計算の仕 方を考えることができる。

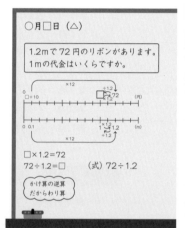

授業の流れ

1 この問題の式を考えるには， どうすればいいかな？

> 1.2mで72円のリボンがあります。 1mの代金はいくらですか。

> 小数のかけ算のときと同じ ように数直線の図に表して みるといいと思います

数直線の図は，文章題の文脈に沿って子ども と一緒に書くようにする。

「1.2mで72円のリボンがあります。」を数直 線上に書いてみせて，「1mの代金はいくらで すか」を子どもに書かせる。このようなやり方 がある。

2 1mの代金を□円として  式に表してみよう

> □×1.2=72
> ということは，□は72÷1.2 で求められます
> 図に矢印を入れながら 説明できるかな

小数のわり算の立式は，既習の小数のかけ算 を生かして行う方法がある。子どもの様子を見 ながら丁寧に指導する。

3 72÷1.2を計算の仕方を考えよう

> 1.2を10倍して72÷12=6， 6を1/10にして0.6が答えです
> 1mの代金が0.6円はありえないよ
> 小数のかけ算のときには式の数を 10倍して答えを1/10にしたのに

上記のような誤答は，小数のかけ算の計算の 仕方から類推したものであり，その考え方自体 は認めてあげたい。なぜ違うのか，どうすれば よいのかを数直線の図をもとに考えさせる。

計算の仕方を考えよう
076

実際の板書

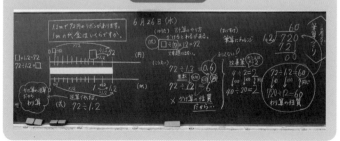

本時の評価

・小数のかけ算の逆算としてわり算の立式をすることができる。
・小数のわり算の計算の仕方を，問題場面の意味やわり算のきまりを活用して考えることができる。

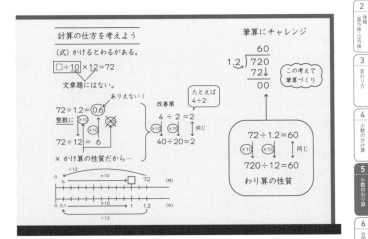

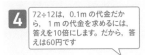

4 72÷12は，0.1mの代金だから，1mの代金を求めるには，答えを10倍にします。だから，答えは60円です

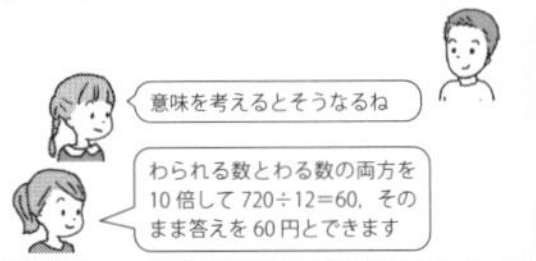

意味を考えるとそうなるね

わられる数とわる数の両方を10倍して720÷12=60，そのまま答えを60円とできます

わり算の性質を用いた計算の仕方も扱い，筆算につなげることが大切である。

まとめ

小数のわり算の導入では，演算決定と計算の仕方を考えさせることが重要な内容になる。
演算決定は，小数のかけ算を生かして行い，計算の仕方はわり算の性質を生かすことが大切である。
計算の仕方では，小数のかけ算から類推した間違いが起こりやすい。問題場面の意味を考えて，乗り越えさせることが大切である。

第1時
077

右側の縦タブ:
1 整数と小数
2 直方体・立方体
3 変わり方
4 小数のかけ算
5 小数のわり算
6 合同な図形
7 図形の角
8 整数の性質
9 分数と小数，整数の関係

評　価

本時の評価について2～3項目に分けて記述しています。

準備物

本時で必要な教具及び掲示物等を記載しています。

まとめ

本時の学習内容で大切なところを解説しています。授業の終末，あるいはその途中で子どもから引き出したい考えとなります。

特典DVD

具体的な授業のイメージをより実感できるように，実際の授業を収録したDVD（1時間分）がついています（本書は左の事例）。

単元冒頭頁

各単元の冒頭には，「単元の目標」「評価規準」「指導計画」を記載した頁があります。右側の頁には，単元の「基礎・基本」と育てたい「数学的な見方・考え方」についての解説を掲載。さらには，取り入れたい「数学的活動」についても触れています。

本書の単元配列／5年上

単元（時間）		指導内容		時間
1	整数と小数 (4)	第1次	小数の表し方の意味	2 時間
		第2次	小数の表し方の習熟	2 時間
2	体積 (直方体・立方体) (8)	第1次	直方体や立方体の体積	3 時間
		第2次	大きな体積の単位	1 時間
		第3次	容積と体積の単位	1 時間
		第4次	長さと体積の関係	3 時間
3	変わり方 (4)	第1次	比例関係の意味	3 時間
		第2次	比例ではない関係の考察	1 時間
4	小数のかけ算 (8)	第1次	小数のかけ算の意味と計算の仕方	6 時間
		第2次	積の大きさ	1 時間
		第3次	面積や体積の公式	1 時間
5	小数のわり算 (13)	第1次	小数のわり算の意味と計算の仕方	4 時間
		第2次	商の見方と余りの処理	3 時間
		第3次	倍とかけ算，わり算	6 時間
6	合同な図形 (7)	第1次	合同の意味	3 時間
		第2次	合同な図形の作図	3 時間
		第3次	合同な図形の役割	1 時間
7	図形の角 (6)	第1次	図形の角の和	3 時間
		第2次	図形の角の和の求め方ときまり	2 時間
		第3次	図形の性質の活用	1 時間
8	整数の性質 (11)	第1次	偶数と奇数	3 時間
		第2次	倍数	4 時間
		第3次	約数	4 時間
9	分数と小数，整数の関係 (5)	第1次	商分数と倍を表す分数	3 時間
		第2次	分数と小数，整数の関係	2 時間

I

第5学年の
授業づくりのポイント

1 第5学年上巻の内容

第5学年の上巻に収められている内容は，以下の9単元である。

---

1. 整数と小数　2. 立体の体積　3. 変わり方（比例）　4. 小数のかけ算
5. 小数のわり算　6. 合同な図形　7. 図形の角　8. 整数の性質
9. 分数と小数，整数の関係

これらの単元に関する内容を，学習指導要領をもとに概観すると次のようになる。

〈数と計算〉

1. 整数と小数　8. 整数の性質　9. 分数と小数，整数の関係

○数の概念について理解し，その表し方や数の性質について考察する。

　・観点を決めることによる整数の類別や数の構成

　・数の相対的な大きさの考察

　・分数の相等及び大小関係

　・分数と整数，小数の関係

　・除法の結果の分数による表現

4. 小数のかけ算　5. 小数のわり算

○計算の意味と方法について考察すること。

　・乗法及び除法の意味の拡張（小数）

　・小数の乗法及び除法（小数 × 小数，小数 ÷ 小数）

　・数量の関係を表す式

〈図形〉

7. 図形の角

○図形の概念について理解し，その性質について考察する。

　・三角形の3つの角の大きさの和，四角形の4つの角の大きさの和

6. 合同な図形

○図形の構成の仕方について考察する。

　・合同な図形

2. 立体の体積

○図形の計量の仕方について考察する。

　・立方体，直方体の求積

〈変化と関係〉

3. 変わり方（比例）

○伴って変わる2つの数量の変化や対応の特徴を考察する。

　・簡単な場合についての比例の関係

2 本書に見る，数学的活動の具体例

学習指導要領では，次のような数学的活動に取り組むことが記されている。

ア　日常の事象を数理的に捉え問題を見いだして解決し，解決過程を振り返り，結果や方法を改善したり，日常生活等に生かしたりする活動

イ　算数の学習場面から算数の問題を見いだして解決し，解決過程を振り返り統合的・発展的に考察する活動

ウ　問題解決の過程や結果を，目的に応じて図や式などを用いて数学的に表現し伝え合う活動

　数学的活動とは，子どもが目的意識をもって主体的に学習に取り組むことである。この活動を通すことで，基礎的・基本的な知識及び技能を着実に身に付けるとともに，数学的な思考力，判断力，表現力等を高め，算数に関わりをもったり，算数を学ぶことの楽しさを実感したりできることが大切である。

　これらに関する事例は，本書にも掲載されている。

8　整数の性質　第4時「倍数ゲームをしよう」

　倍数，公倍数の意味を教える授業である。ゲームをすることで，倍数や公倍数の意味を子どもが自然に話す展開をつくること。また，公倍数にあたる数を先にとればゲームに勝てることから，公倍数の意味を強調して捉えることをねらっている。一般に導入では倍数の意味だけを教えるが，本時の場合，公倍数まで教えることができる点が特徴である。

　子どもは，次の2つの問題を見いだしていった。

①　どうしたらゲームに勝てるか。

②　どうしたら公倍数にあたる数を見つけることができるか。

　ゲームのルールについて簡単に説明する。（2，3，6，8，9，10, 12, 14, 15, 18, 21, 24）の12枚のカードを黒板に貼り，「2で割り切れる数」を取る側と「3でわり切れる数」を取る側に別れる。順に取って行き，たくさん取れた方が勝ち（取れる数がないときはパス）というゲームである。

　子どもと対戦するとき，先に2と3の公倍数にあたる数を取るようにすると勝てる。相手は取れるカードがなくなるからである。

　何度かやっているうちに，子どもたちは先生の取り方に気づき始め，その意味を考え始める。そして，必勝法を見いだす。必勝法の説目の中で，板書のように2でわり切れる数が8個，3でわり切れる数が8個，2でも3でもわり切れる数が4個と整理される。このときに，「2の倍数」，「3の倍数」，「2と3の公倍数」という用語を教える。そして，公倍数を先に取ればゲームに勝てることが述べられる。

　このゲームは，3と4の倍数ゲームに発展させる。子どもは，ゲームに勝つには，3と4の公倍数を取ればよいことはわかっているが，今度はどうやって3と4の公倍数を見つければよいかが問題になる。3の倍数と4の倍数を順に書き上げ，共通する数を見つけるのがオーソドックスな方法である。しかし，記述していくうちに，一番小さい公倍数を2倍，3倍，4倍……としていくと公倍数が見つかることに気付くかもしれない。問題発見が連続する導入授業になる。

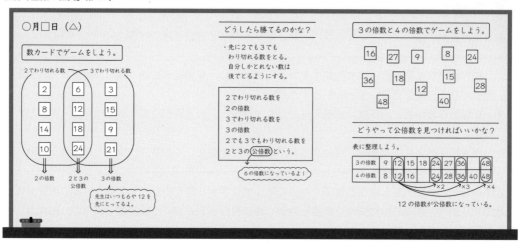

3 小数のかけ算 第1時「どんな式になるのかな」

　本時は，（×小数）の意味は，（×倍，割合）であることを見いだすことができるようにすることがねらいである。どのような場面を作れば，自然に子どもが「○倍」という言葉で演算決定することができるだろうか，という考えから授業が考案された。

　まずリボンを1本提示し，代金が80円であることを伝える。そして，もう1本長いリボンを提示して，「このリボンの代金はいくらだと思う？」という発問をする。

　すると子どもたちは「160円ぐらい」と言ってくる。「どうしてそう思うの？」と問うと「（視覚的に見て）長さがおよそ2倍ぐらいだから，代金も2倍で160円ぐらい」と答えてくる。このときに，「倍」という言葉が現れるので，その考えを板書し，その後の説明に生かすようにする。

　実際に短いリボンをあてて，長いリボンを測定してみると，2倍と少しある。「2.○倍」であることがわかる。この辺りで短いリボンの長さが1m，長いリボンの長さが2.1mであることを教えると，長い方は短い方の2.1倍であることがわかる。そして，式をノートに書かせる。多くの子どもが80×2.1という式を書くので，理由を尋ねる。説明に困る子どもがいたら，先ほどの「長さがおよそ2倍ぐらいだから，代金も2倍で160円ぐらい」という板書を参考にするように助言する。

　全員が「リボンの長さが2.1倍だから，代金も2.1倍になるので80×2.1」という説明をノートに書けるようにするのだ。

　この後，長い方のリボンは折れていて，本当は2.5mだったという落ちがある。2.5mでも確実に80×2.5と立式できなければならない。2時間目以降，80×2.1，80×2.5の計算の仕方を考える展開にする。

　本時は，板書の仕方に特徴がある。最終的に比例数直線ができあがっているが，最初はリボンを表した具体物しか提示していない。そのリボンの特徴として，上の数直線に代金，下の数直線に長さを自然に表すようにした。さらに，「○倍」という関係は矢印を使って表した。

　子どもには，この図を使って立式の理由を説明させるようにし，80×2.1の「2.1」が2.1mの意味ではなく，2.1倍の意味であることをおさえたのである。

板書「小数のかけ算」第 1 時

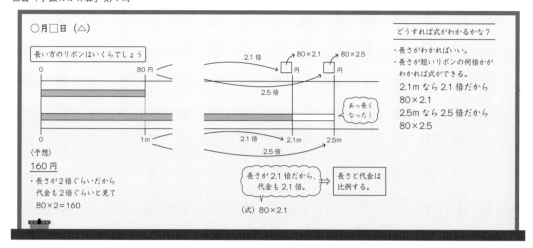

1　整数と小数　第 4 時「整数と小数ゲーム」

　　本時は，小数または整数を10倍，100倍，1000倍，$\frac{1}{10}$，$\frac{1}{100}$，$\frac{1}{1000}$ にすることに習熟することを
ねらっている。習熟を図る場面でもいかに子どもたちが楽しく学び，「もっとやりたい」と思えるよ
うな授業をつくるかが課題である。さらに習熟を図る中で，数学的な見方・考え方を育てるような問
題発見があり，子どもが新しいことを学ぶ場面がつくれたらなお素敵だと考えている。

　　本時は最初に裏にして提示されている 1 〜 9 の数字カードから 2 枚ずつ引いて，「□ . □」という
小数をつくる。それが最初の自分の小数である。次に10倍，100倍，1000倍，$\frac{1}{10}$，$\frac{1}{100}$，$\frac{1}{1000}$ が書か
れているカードを黒板に貼る。各 3 枚ずつあるので，合計18枚である。その中から， 1 枚ずつ引
き，引いたカードの指示により，自分の最初の小数を変化させていく。最終的にどちらの数の方が大
きいかの勝負である。

（例）①　　3.7　⇒　　0.37　⇒　　37　⇒0.037　　②9.2　⇒　　920　⇒　9.2　⇒　0.0092

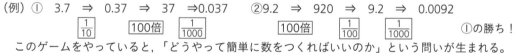

①の勝ち！

　　このゲームをやっていると，「どうやって簡単に数をつくればいいのか」という問いが生まれる。

　　その問いを追究して「 0 の数だけ小数点を動かす」というようなきまりを見いだすことができれ
ば面白い。1000倍なら 0 が 3 つなので，小数点を 3 つ右に動かすという意味である。

板書「整数と小数」第 4 時

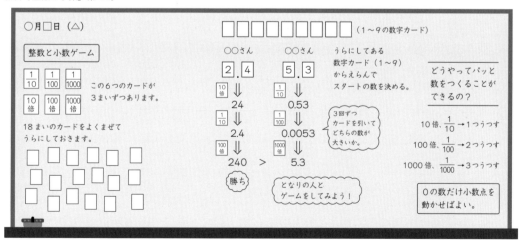

2　立体の体積　第8時「辺の長さの和が同じだと，体積は同じかな？」

　本時は，次のような日常生活の問題を扱っている。

　「宅配便で荷物を送ります。Ｓサイズの送料で送るには，箱の大きさを，たて，横，高さの3つの辺の長さの和が60cm以下にすればよいそうです。次の2つの箱はどちらの方がたくさん入りますか」

　この問題は，日常生活の問題を扱うという意義ともう1つミスコンセプション（誤概念）を引き出し，乗り越えるという意義がある。

　子ども達の中には，たて，横，高さの3辺の長さの合計が大きい方が体積が大きいと感じている子どもがいる。実際には，体積は長さに依存しない。そのことを理解するための問題でもある。

　提示した2つの箱は，①たて20cm，横24cm，高さ16cm，②たて30cm，横10cm，高さ20cm　である。①，②ともに3辺の合計は60cmで同じなので，体積は同じと判断する子どもがいる。

　しかし，計算してみると，体積はかなり異なり，①の方が大きいことがわかる。

　この時，子どもから「だったら，3辺の合計が60cmでもっと体積の大きい箱ができるんじゃない？」というような問いが現れる。現れなければ，授業者から投げかける。

　その問いを追究することで，より立方体に近づけた方が，箱の体積が大きくなることに気付いていく。これは，長方形の面積を学習した際に，周りの長さが同じ場合，より正方形に近づけた方が面積が大きくなったという経験をしていれば，その経験と関連づけると，子どもの興味・関心はより高まる。

板書「立体の体積」第8時

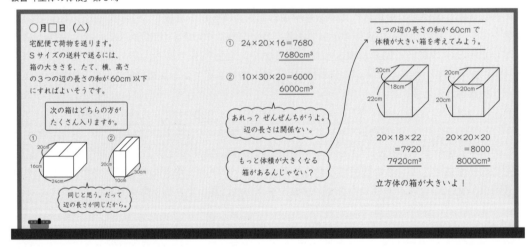

Ⅱ

第5学年の算数
全単元・全時間の板書

1 整数と小数 〔4時間扱い〕

単元の目標

- ある数の10倍，100倍，1000倍，$\frac{1}{10}$，$\frac{1}{100}$，$\frac{1}{1000}$ などの大きさの数を，小数点の位置を移してつくることができる。
- 数の表し方の仕組みに着目し，数の相対的な大きさを考察し，計算などに有効に生かすことができる。

評価規準

知識・技能	①10倍，100倍，1000倍，$\frac{1}{10}$，$\frac{1}{100}$，$\frac{1}{1000}$ などの大きさの数は，位の移動によってつくることができること，また，それらの位の移動は，小数点の移動とも捉えることができるようにする。
思考・判断・表現	②整数，小数の乗法及び除法の計算の際には，10倍，100倍，1000倍，$\frac{1}{10}$，$\frac{1}{100}$，$\frac{1}{1000}$ などの大きさの数は，小数点の移動などによってつくることができることを用いて計算を考えることができる。
主体的に学習に取り組む態度	③整数と小数がともに十進位取り記数法によって表されていることを理解し，そのよさに気づき，学習したことを生活や学習などに生かそうとする。

指導計画　全4時間

次	時	主な学習活動
第1次 小数の表し方の意味	1	身の回りにある小数値をもとに，その表し方を整数と比較しながら考え，整数も小数も十進位取り記数法で表現されることを理解する。
	2	4，5，1，2，9の5つの数字を，「□□.□□□」の□に当てはめて小数をつくる。その際，一番小さい小数，一番大きい小数など，子どもに課題を決めさせる。
第2次 小数の表し方の習熟	3	1枚3.04gの紙をもとにして，10枚，100枚，1000枚の紙の重さを考える。また，1000枚で3990gの紙をもとにして，100枚，10枚，1枚の紙の重さを考える。
	4	ゲームを通して，整数や小数を10倍，100倍，1000倍，$\frac{1}{10}$，$\frac{1}{100}$，$\frac{1}{1000}$ にすることに習熟する。

⑴既習との関連

4年生では，十進位取り記数法について整数の範囲でまとめている。また，小数については，$\frac{1}{1000}$ の位までの小数を指導し，その範囲の加法，減法，小数×整数，小数÷整数の計算についても理解を図ってきた。

⑵十進位取り記数法

本単元では，整数と小数を同じ十進数として統合的に捉えることが大切である。十進位取り記数法の特徴は，整数も小数も，0から9までの10個の数字と小数点でどんな大きさの数も表せることである。

また，小数点の移動に着目することで，10倍，100倍，1000倍，$\frac{1}{10}$，$\frac{1}{100}$，$\frac{1}{1000}$ などの大きさの数を効率よく作れることなどを理解することも大切である。

本単元の内容は，小数の乗法や除法の計算の仕方を考える時にも用いられるものである。数の大きさや数の構成，整数と小数の関係などについて，日常生活との関連も含めて，実感の伴った理解を図る必要がある。

⑶数学的な見方・考え方

ある小数を10倍，100倍，1000倍，$\frac{1}{10}$，$\frac{1}{100}$，$\frac{1}{1000}$ などにした数を作るときには，整数と小数の共通のしくみ，つまり十進位取り記数法のしくみに着目して考えることが重要である。

また，このような考え方に基づき，それを小数点の移動として形式化するよさを理解させたい。

例えば，1枚の重さが3.04g の紙がある。この紙10枚，100枚，1000枚の重さを求めるという問題を出す。比例関係を基に，紙の枚数が10倍なら，重さも10倍だから，3.04×10＝30.4。紙の枚数が100倍なら，重さも100倍だから，3.04×100＝304である。このような結果から，数字は変わらず，小数点の位置だけ変わることに帰納的に気付かせることが大切である。

そして，なぜ小数点だけ移動するのかを考えさせる。例えば，0.04が10個集まると，0.4になり，0.4が10個集まると4になる。つまり，10個集まると，新しい位の1として表す。数字は変わらず位だけ変わる。このように十進位取り記数法に着目して理由を説明できることが大切である。

1 整数と小数

2 体積（直方体・立方体）

3 変わり方

4 小数のかけ算

5 小数のわり算

6 合同な図形

7 図形の角

8 整数の性質

9 分数と小数，整数の関係

本時案

整数と小数の表し方

本時の目標
・整数と小数の表し方の共通点について考え，理解することができる。

授業の流れ

1 この数は何でしょう。「7.32」「42.195」

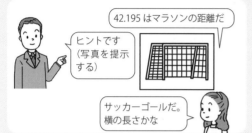

42.195 はマラソンの距離だ

ヒントです（写真を提示する）

サッカーゴールだ。横の長さかな

　子どもたちが見たことのあるものや知っていそうなもので，小数の話題につながるものの写真を見せて気付いたことを言ってもらう。

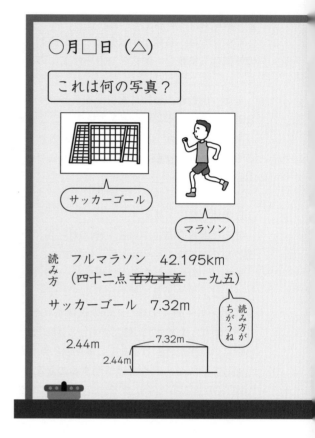

○月□日（△）

これは何の写真？

サッカーゴール

マラソン

読み方　フルマラソン　42.195km
（四十二点 ~~百九十五~~ 一九五）

サッカーゴール　7.32m

読み方がちがうね

2.44m
7.32m
2.44m

2 マラソンで走る距離は，「42.195km」です。何と読みますか？

四十二点百九十五？

そう読めますよね。でも小数点以下の数字は，順に言っていくので，「四十二点一九五」と読みます

　7.32m はサッカーゴールの横の長さ，2.44m はサッカーゴールの高さであることを伝え，みんなで読んでみる。

3 42.195の仕組みを考えよう。5個の数字は，何の数を表しているのかな？

「4」は 10 の数です

「2」は 1 が 2 個です

「1」は 0.1 が 1 個という意味です

「9」は 0.01 が 9 個です

「5」は 0.001 が 5 個です

・整数と小数の表し方の共通点を見つけ，そのしくみを説明することが
できる。

・サッカーゴールやマラ
ソンなどの写真（提示
用）

42.195 のしくみを考えよう

> 整数の部分と小数の部分は
> 読み方がちがうから、
> 表し方の意味もちがうのかな？

42.195

4は、10 が 4 こ。$\underline{10 \times ④ = 40}$
2は、1 が 2 こ。$\underline{1 \times ② = 2}$
1は、0.1 が 1 こ。$\underline{0.1 \times ① = 0.1}$
9は 0.01 が 9 こ。$\underline{0.01 \times ⑨ = 0.09}$
5は 0.001 が 5 こ。$\underline{0.001 \times ⑤ = 0.005}$

（式）$\underset{40}{\underline{10 \times 4}} + \underset{2}{\underline{1 \times 2}} + \underset{0.1}{\underline{0.1 \times 1}} + \underset{0.09}{\underline{0.01 \times 9}} + \underset{0.005}{\underline{0.001 \times 5}} = 42.195$

整数と小数の表し方の共通点

・0 から 9 の数字が書かれた
位置によって何の位かきまる。

・すべての位が 0 から 9 の 10 個の
数字で表されている。

・それぞれの数字は、その位の数が
何こあるかを表している。

4 数字は，もとの大きさが何個あ
るかを示していますね。そのもと
の大きさは何で決まるのかな？

> 数字がどの位にある
> かで決まります

> どこの位置にある
> かで決まります

整数も小数も 0 から 9 の数字で表すこと
や，数字を書く位置によって位（単位）が決ま
ることをおさえる。それを位取り記数法と呼
ぶ。

まとめ

　小数のしくみを，整数と比べながら
考えることがこの授業のねらいである。
　整数も小数も十進位取り記数法で表現
される。具体的には，数が 10 個集まっ
たら新しい位の 1 とみなして表す（十進
法）。だから，数字は 0 〜 9 の 10 個の数
字でよい。また，数字を書く位置によっ
て位（単位）が決まる（位取り記数法）。
　小数も整数もそのような仕組みで表
されることをここでまとめるのである。

本時案

数字カードで小数づくり

2/4

本時の目標

・5 つの数字を 5 つの□に当てはめて，一番
大きい小数や一番小さい小数などをつくるこ
とができる。

授業の流れ

1 □□.□□□に 4，5，1，2，
9 を当てはめて小数をつくります。
どんな小数を作ってみたいですか?

一番大きい小数

一番小さい小数も
作ってみたい

50 に近い数っていう
のはどうかな

基本となる問題を出した後に，小さな課題を
子どもに作らせる。

自分たちで設定した課題について，考えさせ
る展開である。

○月□日 (△)

下の□に
4 5 1
2 9

数字カードを1回ずつあてはめて
いろいろな大きさの数を
つくりましょう。

□□.□□□

(例えば) 29.154

どんな数を作ってみたい?

・1 番大きい数

・1 番小さい数

・50 に近い数 (先生より)

2 一番大きい数を考えてみようか

どうやって考えればいいかな

上の位から大きな数を
入れていけばいい

95.421 だと思います

なぜ上の位から大きい数を入れるのか，その
理由も考えさせる。上の位から単位が 10，
1，0.1，0.01，0.001である。10や 1 の数が
多くなるとつくる小数も大きくなるので，上の
位から大きい数を入れることを確認する。

3 一番小さい小数は逆に入れたら
いいのかな?

逆に入れるってどういうこと?

上の位から小さい数を
入れていきます

一番大きい小数と一番小さい小数をつくると
きの考え方は似ている。各位の大きさに着目し
ていることが大切である。

本時の評価
・数字カードを当てはめて，一番大きい小数と一番小さい小数，50に
近い小数をつくることができ，そのつくり方を説明することができる。

準備物
・1，2，4，5，9
の数字カード

1番大きい数は？

どうやってつくるの？
↓
上の位から
大きい数字を入れる。

$\boxed{9}\boxed{5}.\boxed{4}\boxed{2}\boxed{1}$

反対になってる！

1番小さい数は？

上の位から
小さい数字を入れる。

$\boxed{1}\boxed{2}.\boxed{4}\boxed{5}\boxed{9}$

50に近くするから十の位は5

50に近い数は？

$\boxed{5}\boxed{1}.\boxed{2}\boxed{4}\boxed{9}$

十の位は4かもしれないよ。

$\boxed{4}\boxed{9}.\boxed{5}\boxed{2}\boxed{1}$

どっちの方が近いのかな？

51.249－50＝1.249
50－49.521＝0.479
だから 49.521 の方が近い。

4 50に近い小数は？

50に近い小数は，51.249 だと思います。十の位を5にして，あとは一の位から小さい順に数を入れました。なるべく50に近くするためです

十の位に4を入れて，あとは一の位から大きい順に数を入れました。なるべく50に近づけるためです

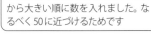

50に近い小数をつくる考え方を大切にして，子どもたちに発表させる。

まとめ

　ある目標をもって小数をつくるようにする。その目標（課題）を子どもに作らせることが大切である。
　一番大きい小数，一番小さい小数は子どもが考えやすい。ときには50に近い小数など，子どもに考えさせたい課題を教師から提案するのもよい。
　小数をつくるときの考え方を話し合うことで，小数の大きさを決めるしくみにせまるようにする。

本時案

10倍，100倍，1000倍の小数の表し方

本時の目標

・小数を10倍，100倍，1000倍したときの表し方について理解することができる。

授業の流れ

1 重さが3.04g の紙があります。10枚，100枚，1000枚の紙の重さは何 g ですか?

計算が大変そう

小数点が動くだけだよ

10倍，100倍，1000倍の大きさを考える時にも，具体的な場面があった方がイメージしやすい。その上で，3.04×10，3.04×100，3.04×1000といった計算をした結果，結局小数点がずれるだけということに気付かせる。

〇月□日（△）

18.2cm

25.7cm
1 まい
3.04g

右の大きさの紙の重さは3.04g でした。

この紙の 10 枚、100 枚、1000 枚の紙の重さを表してみよう。

$3.04×10＝30.4$
$3.04×100＝304$
$3.04×1000＝3040$

10 倍、100 倍、1000 倍ということだね

2 3.04×10＝30.4です

3.04×100＝304 です

3.04×1000＝3040 です

小数点が右に 1 つずつずれるだけです

それぞれの数字の位が，1けたずつ上がるとも言えます

3 1000枚の重さが3990g の紙があります。100枚，10枚，1 枚の紙の重さを求めましょう

3990 の $\frac{1}{10}$, $\frac{1}{100}$, $\frac{1}{1000}$を考えるということだね

3990の $\frac{1}{10}$ は，3990÷10＝399。$\frac{1}{100}$ は，3990÷100＝39.9。$\frac{1}{1000}$ は，3990÷1000＝3.99 となる。

1
整数と小数

2
体積（直方体・立方体）

3
変わり方

4
小数のかけ算

5
小数のわり算

6
合同な図形

7
図形の角

8
整数の性質

9
分数と小数、整数の関係

本時の評価

・小数を10倍，100倍，1000倍，$\frac{1}{10}$，$\frac{1}{100}$，$\frac{1}{1000}$ にしたときの大きさを表し，その表し方の特徴を見つけることができる。

10倍、100倍、1000倍したら表し方はどうなるのかな？

千の位	百の位	十の位	一の位	$\frac{1}{10}$ の位	$\frac{1}{100}$ の位	$\frac{1}{1000}$ の位
		3	0 .	4		
	3	0	4 .			
3	0	4				
3	0	4	0			

（10倍、10倍、10倍 →　10倍、100倍、1000倍）

・位が1けたずつ上がる。
・小数点の位置が右に1けたずつうつる。

　・位が1けたずつ下がる。
　・小数点の位置が左に1けたずつうつる。

右の大きさの紙
1000枚の重さは
3990gでした。
この紙100枚、10枚、1枚の
紙の重さを表してみよう。

29.7cm　21cm

$\frac{1}{10}$　$\frac{1}{100}$　$\frac{1}{1000}$ にしたら、表し方はどうなるのかな？

千の位	百の位	十の位	一の位	$\frac{1}{10}$ の位	$\frac{1}{100}$ の位	$\frac{1}{1000}$ の位
3	9	9	0			
	3	9	9 .			
		3	9 .	9		
			3 .	9	9	

（$\frac{1}{10}$、$\frac{1}{10}$、$\frac{1}{10}$、$\frac{1}{10}$ →　$\frac{1}{10}$、$\frac{1}{100}$、$\frac{1}{1000}$）

---

4 今度は小数点を左に1つずつずらせばいいんだね

それぞれの数字の位が1けたずつ下がります

　板書にあるように，表に整理してもとの数がどのように変化するか観察させ，気付いたことをまとめるようにする。

まとめ

　小数を10倍，100倍，1000倍したとき，どのように変化するかを観察し，その表し方の特徴に気づかせる。

　各位の数字の位が1つずつ上がったり，小数点が右に1けたずつうつったりすることに気づかせるのである。

　それはある整数を $\frac{1}{10}$，$\frac{1}{100}$，$\frac{1}{1000}$ にして小数にした場合も同様である。

整数と小数ゲーム ④/④

・小数または整数を10倍，100倍，1000倍，または，$\frac{1}{10}$，$\frac{1}{100}$，$\frac{1}{1000}$ にすることに習熟することができる。

授業の流れ

1 1～9の数字カードがあります。2枚引いてスタートの小数を決めましょう

私は2.4です

ぼくは5.3だ

では，こちらのカードから交互に3回カードを引いて数を変化させていきます。最後にどちらの数が大きいかというゲームです

10倍，100倍，1000倍，$\frac{1}{10}$，$\frac{1}{100}$，$\frac{1}{1000}$ のカードをたくさん用意しておき，裏にしておく。その中からカードを引いて，もとの数を3回変えていく。最終的に大きい方が勝ちというゲームである。最初は，教師対子どもで試しにやってみる。

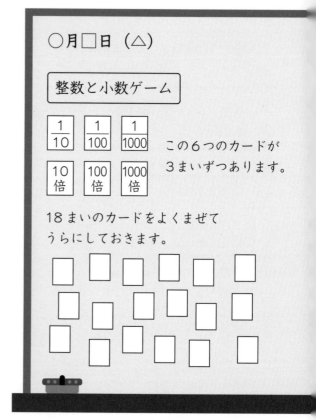

○月□日（△）

整数と小数ゲーム

| $\frac{1}{10}$ | $\frac{1}{100}$ | $\frac{1}{1000}$ |

| 10倍 | 100倍 | 1000倍 |

この6つのカードが3まいずつあります。

18まいのカードをよくまぜてうらにしておきます。

2 （1枚引いて）10倍だ！2.4の10倍だから24

（1枚引いて）$\frac{1}{10}$だ！5.3の$\frac{1}{10}$だから0.53です

（1枚引いて）次は$\frac{1}{10}$だ。24の$\frac{1}{10}$だから2.4です

（1枚引いて）うわ！$\frac{1}{100}$だ。0.53の$\frac{1}{100}$は，小数点を2つずらすから，0.0053です

3 隣の人とこのゲームをしよう

まずは最初の小数を決めよう。1～9の数字カードから2枚引くよ

2.8だ

ぼくは4.6だ

カードを引くよ。1000倍出てくれ！

各ペアに1～9の数字カードを1セット，10倍，100倍，1000倍，$\frac{1}{10}$，$\frac{1}{100}$，$\frac{1}{1000}$ のカードを3セット，合計18枚配付する。

1 整数と小数	
2 体積（直方体・立方体）	
3 変わり方	
4 小数のかけ算	
5 小数のわり算	
6 合同な図形	
7 図形の角	
8 整数の性質	
9 分数と小数、整数の関係	

本時の評価

・小数または整数を10倍，100倍，1000倍，$\frac{1}{10}$，$\frac{1}{100}$，$\frac{1}{1000}$にすることに習熟し，確実に表すことができる。

準備物

・10倍，100倍，1000倍，$\frac{1}{10}$，$\frac{1}{100}$，$\frac{1}{1000}$のカードを各3枚ずつ（提示用）
・1〜9の数字カード（提示用）

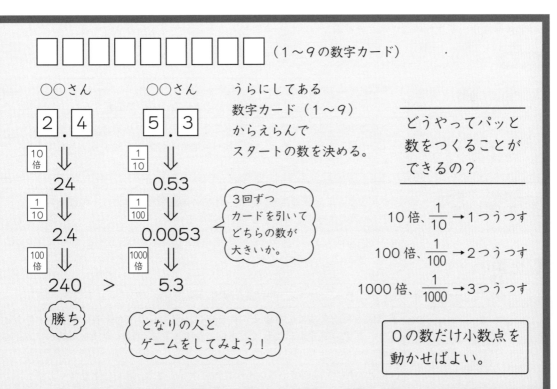

□□□□□□□□□ （1〜9の数字カード）

○○さん　　　○○さん

2.4　　　5.3

うらにしてある数字カード（1〜9）からえらんでスタートの数を決める。

10倍 ⇓　　　$\frac{1}{10}$ ⇓

24　　　0.53

$\frac{1}{10}$ ⇓　　　$\frac{1}{100}$ ⇓

2.4　　　0.0053

100倍 ⇓　　　1000倍 ⇓

240　＞　5.3

勝ち

3回ずつカードを引いてどちらの数が大きいか。

となりの人とゲームをしてみよう！

どうやってパッと数をつくることができるの？

10倍、$\frac{1}{10}$ → 1つうつす

100倍、$\frac{1}{100}$ → 2つうつす

1000倍、$\frac{1}{1000}$ → 3つうつす

0の数だけ小数点を動かせばよい。

4 どうやってぱっと数をつくっているの？

10倍や$\frac{1}{10}$は小数点を1つずらせばいい

100倍や$\frac{1}{100}$は2つずらします

1000倍や$\frac{1}{1000}$は3つずらします

まとめ

　ゲームを通して，整数や小数を10倍，100倍，1000倍，または，$\frac{1}{10}$，$\frac{1}{100}$，$\frac{1}{1000}$にすることに習熟することが目的である。

　もし100倍や1000倍，$\frac{1}{100}$や$\frac{1}{1000}$の数を表すことに困る子どもがいたら，その都度止めて，どのように考えたらよいかみんなで検討する。

　楽しく習熟を図ることが何より大切である。

2 体積（直方体・立方体） 8時間扱い

単元の目標
・立体の体積についてその単位や測定の意味を理解し，体積を求めることができるようにする。

評価規準

知識・技能	①体積の単位（cm^3，m^3）について知る。 ②立方体及び直方体の体積の計算による求め方について理解する。
思考・判断・表現	③体積の単位や図形を構成する要素に着目し，図形の体積の求め方を考え，体積の単位とこれまでに学習した単位との関係を考えることができる。
主体的に学習に取り組む態度	④図形の面積と同様に，辺の長さなどを用いて計算によって求めることができるよさを理解できる。また，体積の単位間の関係について振り返り，体積の大きさを実感をもって理解する。

指導計画　全8時間

次	時	主な学習活動
第1次 直方体や立方体の体積	1	展開図を組み立ててできる2つの立体は，どちらの方が大きいかを考える。面積の学習を想起して，単位となる大きさのいくつ分かで調べる。
	2	1cm^3の積み木12個でいろいろな立体を作って遊ぶ。さらにより多くの積み木でできた立体を見て，何cm^3かを考える。計算で求めることで体積を求める公式をまとめる。
	3	0.5cm^3の積み木を2つ組み合わせた立体の体積を求める。等積移動をして，1cm^3の立方体を基準に体積を求める。
第2次 大きな体積の単位	4	m単位の直方体の体積を求める。cm単位の時には1cm^3を基にしたのだから，m単位には新しい体積の単位があるはずという思いをもたせ，1m^3という単位を教える。
第3次 容積と体積の単位	5	直方体の木を切り抜いてできた入れ物に入る水の体積を求め，容積について知る。
第4次 長さと体積の関係	6	比例関係を生かして直方体の体積を求める。
	7	直方体を2つつなげた複合図形の体積の求め方を，複合図形の面積の求め方から類推して考える。
	8	直方体の体積は，たて，よこ，高さの長さに依存しないことを理解する。

⑴体積の単位

　面積を単位となる大きさを基に求めたことからの類推により，体積の単位も空間を埋める立体を単位として求めたらどうか，という考えを子どもから引き出したい。それまでに，1cm³の積み木を数えるなど，算数の授業で扱った経験があれば子どもの方から出てくる可能性がある。

　子どもの発想を生かして，1cm²の正方形の単位に対応して1cm³の立方体，1m²の正方形の単位に対応して1m³の立方体を単位として体積の大きさを測ることを理解できるようにする。

　なお，1辺が10cmの立方体の体積が1Lにあたることにも触れるようにする。

⑵積み木を敷きつめる経験と体積の計算による求め方

　立方体や直方体は，1辺が1cmなどの単位体積の立方体を積み重ねてつくることができる。例えば，工作用紙でつくった直方体に1cm³の積み木を詰めていく。子どもはきれいに充填できたことを喜ぶ。このような体験を通して体積についての量感を養うことが大切である。

　また，何個入ったかを考える際には，全部詰めなくても，1段分の個数（たて×横）が分かり，あとは高さが何個分かがわかれば，たて×横×高さという計算で求められることを理解することが大切である。このような考えも実際に積み木を詰める体験があるからこそ思いつくものである。

⑶数学的な見方・考え方

　立方体や直方体の体積を求める際，毎回単位体積となる立方体を積み重ねて数えていたら時間がかかる。積み木を積み重ねないでも辺の長さに着目して体積を求められるようになることが大切である。

　計算で体積を求められるようにするには，⑵でも述べたが，まずは立方体の積み木を積み重ねる体験をすること。そして，その個数を効率よく数えるために乗法が使えることに気付くことが必要である。さらに積み木の個数と辺の長さの数値が対応しているので，辺の長さに着目すれば乗法で計算することができる。その結果，子どもが，（直方体の体積）＝（たて）×（横）×（高さ）という公式を見いだすのである。このプロセスを通して立方体や直方体の新しい見方を育てることが大切である。

　さらに，縦と横の長さを固定した直方体について，高さが2倍，3倍，4倍，……になるときの体積の変化を考えさせ，体積が高さに比例することに気付かせる。そして，比例関係を用いて問題を解決することで，比例の考えを身に付けさせることができる。このことが6年生の角柱や円柱の体積の求積方法に活用される。

1 整数と小数

2 体積（直方体・立方体）

3 変わり方

4 小数のかけ算

5 小数のわり算

6 合同な図形

7 図形の角

8 整数の性質

9 分数と小数、整数の関係

本時案

立体の大きさは
どちらが
大きいかな？

（1/8）

授業の流れ

1 どちらが大きいと思う？
予想してみよう

たてと横と高さの合計がアは9，イも9だから同じだと思います

面の面積の合計は，アは $6 \times 2 + 12 \times 2 + 8 \times 2 = 52$　52cm²。イは $3 \times 3 \times 6 = 54$　54cm²。だから，イの方が大きい

展開図で示したので，辺の長さや面の大きさに着目して予想することができる。

子ども達には，展開図から立体を作りながら考えさせることが大切である。

○月□日（△）

展開図を組み立ててできる立体の大きさは，どちらが大きいかな？

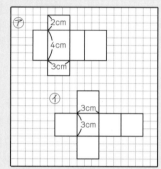

ア　2cm　4cm　3cm

イ　3cm　3cm

〈予想〉たて、よこ、高さで形がきまるから。
ア $2+4+3=9$　イ $3+3+3=9$
だから同じ。

2 では，立体を作ってみよう

できた！

どっちが大きいのかな

どうやって比べたらいいのかな

もののかさや水のかさなどのことを，体積ということを教える。

3 どうやって体積を比べますか？

これまでに，比べてどちらが大きい？という似たような問題がなかったかな

面積の問題と似ている

面積の時は，1cm²のいくつ分かで比べたよ

面積の比較の問題を想起させ，そのときの比較の仕方から体積の比較の仕方を考えさせる。

1 整数と小数

2 体積（直方体・立方体）

3 変わり方

4 小数のかけ算

5 小数のわり算

6 合同な図形

7 図形の角

8 整数の性質

9 分数と小数、整数の関係

・2つの立体の大きさの比べ方を，面積の比べ方から類推して考え，1cm³という単位立方体のいくつ分で比べることができる。

・2つの立体の展開図（提示用）
・適用題の図（提示用）

〈組み立てた図〉

ものの大きさや水のかさなどのことを体積といいます。

1辺1cmの立方体が何こ入るかな？

㋐ 　　㋑

24こ　　　　27こ
24cm³　　　27cm³

どうやって体積を比べようか？

面積の問題と似てるよ！

・面積は1cm²□（正方形）のいくつ分で考えた。体積も単位があるのかな。

1辺が1cmの立方体の体積を1立方センチメートルといい、1cm³と書きます。

 1辺が1cmの立方体を単位として考えてみよう。

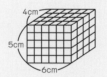　120cm³

4 体積も同じように何か基準となるもののいくつ分かを考えればいいと思う

体積も単位があるんじゃないかな

そうですね。体積にも面積と同じように単位があります。この積み木を見てください

1cm³の積み木を配付し，1辺が1cmの立方体であることに気付かせる。その積み木を，作った立体に入れて何個分入るかで大きさを比較させる。

まとめ

　体積の学習は，面積の学習と関連づけて，その大きさの表し方を類推させることが大切である。

　長さは1cm，面積は1cm²，体積は1cm³を基準として，それぞれ1次元，2次元，3次元の量を表したり，比較したりすることができることを理解することが大切である。

本時案

直方体や
立方体の体積の
公式をつくろう

授業の流れ

本時の目標

・1cm³の積み木でいろいろな立体をつくることができ，直方体や立方体については，1cm³の積み木の個数を計算で数え，公式をつくることができる。

---

1 1cm³の積み木12個でいろいろな立体を作ってみよう

こんなのができたよ！

作った形を式でみんなに伝えてみよう

私のは，2×6です

わかった！こんな形でしょ！

できた形を式に表してみる。直方体については，シンプルなかけ算で表すことができることをおさえておく。

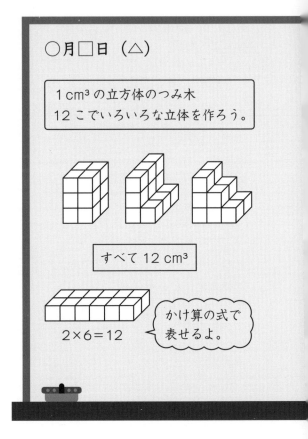

○月□日（△）

1cm³の立方体のつみ木
12こでいろいろな立体を作ろう。

すべて 12 cm³

2×6=12

かけ算の式で表せるよ。

---

2 この写真を見てください。積み木を使って，他にも形を作りました。この立体は，何cm³かな？

12個よりたくさんの積み木でできているよ

計算で求めよう

---

3 どうやって求めればいいのかな？

1段目が7 ×3＝21，4段あるから 21×4 ＝84　84cm³

②は，4×4×4＝64　64cm³です

直方体や立方体の体積の求め方を考える基本は，面積と同じように1cm³の積み木（単位）がいくつあるかである。

1
整数と小数

2
体積（直方体・立方体）

3
変わり方

4
小数のかけ算

5
小数のわり算

6
合同な図形

7
図形の角

8
整数の性質

9
分数と小数、整数の関係

つみ木で他にも形を作りました。
何cm³ですか。

③
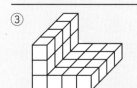
3×4+3×4＝24
24 cm³
直方体2つでできてる。

④
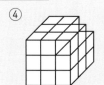
3×3×3−1＝26
26 cm³
立方体のはじが
1こかけてる。

①
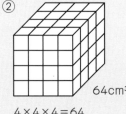
84cm³
7×3＝21 →1だん目の数
21×4＝84 →4だん分の数

②
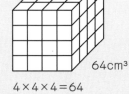
64cm³
4×4×4＝64

公式をつくろう！

直方体の体積＝たて × 横 × 高さ
立方体の体積＝1辺 × 1辺 × 1辺

③と④はどうやって
求めるの？

③直方体2つに分ける。
④立方体の体積から1cm³引く。

4 直方体や立方体の体積を求める公式を作ってみよう

1段の個数 × 段数

長方形の面積はたて × 横だったから，
体積もたて × よこ × 高さがいいと思う

辺の長さが積み木の数を表している

立方体は，1辺 × 1辺 × 1辺だね

公式をつくるときにも，面積との関連を意識させるようにする。

まとめ

12個の積み木で12cm³の立体づくりと式表現をする活動を通して，体積を計算で求められる見通しをもたせる。

次に12個より多い数の積み木で作られた立体の体積を計算で求める活動をして，直方体や立方体の体積を求める公式づくりまで行う。

操作活動を重視し，体積の意味理解を深めることが大切である。

本時案

積み木2つを
組み合わせた立体の
体積

3/8

本時の目標

・1 cm³の立方体の $\frac{1}{2}$ とみなしたり，等積移
動をしたりして，立体の体積を求めることが
できる。

授業の流れ

1 この立体の体積は何 cm³ で
しょう

あれっ，立方体じゃないよ

どうやって求めるの？

辺の長さは何cm？

1 cm³の積み木何個でできているかが見えに
くい立体についてその体積を求める問題であ
る。

辺の長さに着目して，1 cm³の立体の $\frac{1}{2}$ で
あることや，等積移動を用いて，工夫して体積
を求める。

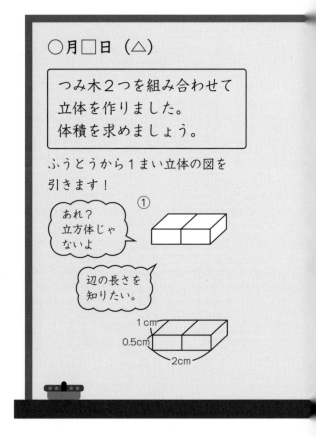

○月□日（△）

つみ木2つを組み合わせて
立体を作りました。
体積を求めましょう。

ふうとうから1まい立体の図を
引きます！

あれ？
立方体じゃ
ないよ

①

辺の長さを
知りたい。

1 cm
0.5cm
2cm

2 高さが0.5cm ということは，1 cm³
の立体の半分の体積。それが2
つ分あるからちょうど1 cm³です

0.5+0.5＝1

2つの積み木を重ねると，
ちょうど1 cm³の立方体
になるよ

3 この立体はどうかな？

この立体はどうやって求めるのかな？

1つの立体は，1 cm³の立方体を
半分に切った形だから，これも
0.5cm³ ってこと。
だから，0.5+0.5＝1　1 cm³です

2つの立体をこう組み合
わせたらやっぱり1 cm³
の立方体になるよ

1 整数と小数

2 体積（直方体・立方体）

3 変わり方

4 小数のかけ算

5 小数のわり算

6 合同な図形

7 図形の角

8 整数の性質

9 分数と小数、整数の関係

本時の評価

・1cm³の半分の体積の直方体の積み木2つを組み合わせてできた立体の体積を等積移動によって求めることができる。

準備物

・封筒
・問題として出す立体の図（提示用）
・問題が書いてあるワークシート

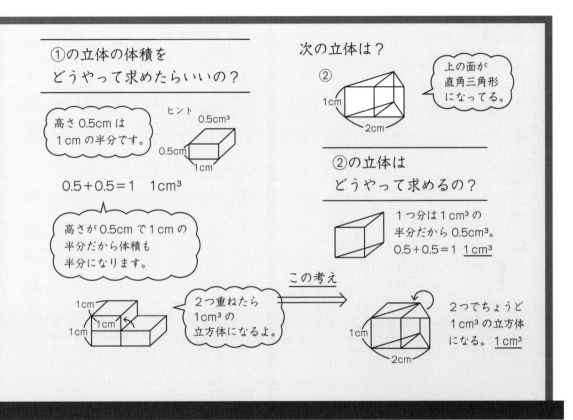

4 今日は，どう考えたらよかったですか？

辺の長さを調べて，1個の積み木が1cm³の半分の体積と考えたのがよかった

2つの積み木の組み合わせ方を変えて，1cm³の立方体にしたのがわかりやすかったです

まとめるときには問題解決したときの見方や考え方でまとめることが大切である。

まとめ

　1cm³の立方体をもとにして，その$\frac{1}{2}$の体積であることや，2つの立体の組み合わせ方を変えて1cm³の立方体基準で体積を求められるようにする考え方が大切である。

　また，この学習が，面積の等積移動の考え方と結びつくことが大切である。

本時案

大きな直方体の
体積を求めよう

本時の目標

・1辺の長さが m 単位の直方体の体積の表し方を理解し，その大きさに対する感覚を養う。

授業の流れ

1 直方体の体積を求めましょう

あっ，辺の長さがメートルだ

単位がメートルのときは，どうやって表すのかな

とりあえず cm に変えて計算してみよう

　辺の長さがメートル単位になっても，既習を用いれば体積を表すことはできる。しかし，数値が大きく体積を捉えにくい。その経験があって，はじめて m³ のよさを感得することができる。

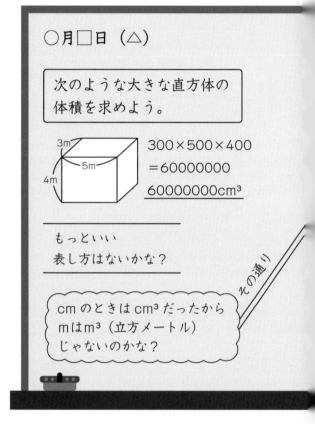

○月□日（△）

次のような大きな直方体の体積を求めよう。

3m
5m
4m

$300 \times 500 \times 400$
$= 60000000$
60000000cm³

もっといい
表し方はないかな？

その通り

cm のときは cm³ だったから
m は m³（立方メートル）
じゃないのかな？

2 $300 \times 500 \times 400 = 60000000$
60000000cm³ です

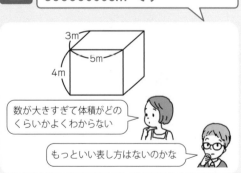

数が大きすぎて体積がどのくらいかよくわからない

もっといい表し方はないのかな

3 面積の時はどうだったかな？

1m² があったよね

体積も1辺が1mの立方体の単位があるのかな

そうですね。体積も 1m³ という単位があります。1辺が1mの立方体です

本時の評価

・1辺の長さがメートル単位の直方体の体積を求めるときに，新しい単位の必要性を感じ，1m³の単位立方体いくつ分で体積を求めることができる。

準備物

・問題の図（提示用）
・問題が書いてあるワークシート

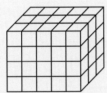

1辺が1mの立方体の体積を
1立方メートルといい
1m³ と書きます。

ところで！ →

1m³って
どれくらいの大きさ？

（式）3×5×4＝60

<u>60m³</u>

（図）

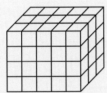

1番下のだんに 3×5＝15（こ）
4だんあるから 15×4＝60（こ）
1m³ が 60 こだから 60m³

100×100×100＝1000000
なんと！ 1000000cm³

実際に 1m³ を作ってみよう。

（材料）
ひも

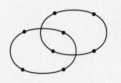

① 1mごとに印をつけた4mの
ひもを輪にして2本用意。
② 印どうしを別の1mの
ひもでつなぐ。

 4　3×5×4＝60　60m³です

1m³ってどのぐらいの
大きさかな。ひもで作っ
てみようか

1mごとに印をつけた4mのひもを輪にして2本用意する。印どうしを別の1mのひもでつなぎ，1m³を作って量感を養う。

まとめ

1m³という大きな単位の必要感を感じさせることが重要である。

1cm³では数値が大きくなり過ぎて体積を捉えにくいという問題意識から大きな体積の単位1m³が導入される。

子ども達には，面積の学習と関連づけて，体積も同じようにメートルに関する体積を表す単位があるのではないかと考えさせることが大切である。

右側のタブ（目次）:

1 整数と小数
2 体積（直方体・立方体）
3 変わり方
4 小数のかけ算
5 小数のわり算
6 合同な図形
7 図形の角
8 整数の性質
9 分数と小数，整数の関係

第4時
037

本時案

容積について
考えよう

本時の目標
・容積について理解し，求めることができる。
・液量と体積の表し方の関係を理解する。

授業の流れ

1 この入れ物に入る水の体積は
何 cm³ ですか?

直方体の体積と同じように考えればいいよね

$8 \times 8 \times 5 = 320$　320cm³ です

　直方体の木を切り抜いた部分の形が直方体であることを見抜くことが大切である。320cm³と求めることができたら，水の量なので，320cm³は何 mL かを考えさせ，体積と液量の表し方の関係を考えさせるようにする。

○月□日（△）

直方体の木を切りぬいて
入れ物を作りました。
この入れ物いっぱいに入る水の
体積は何 cm³ ですか。

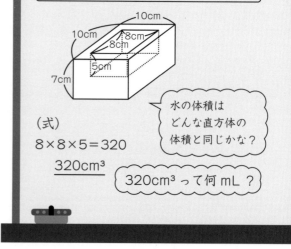

（式）
$8 \times 8 \times 5 = 320$
　　320cm³

水の体積は
どんな直方体の
体積と同じかな?

320cm³って何 mL ?

2 入れ物などの内側のたて，横，
深さのことを内のりと言います。
入れ物の内側いっぱいの体積を
その入れ物の容積といいます

お風呂のお湯の体積は，
容積だね

3 320cm³は，何 mL かな?

1Lの水をこの入れ物に入れてみよう

体積は，$10 \times 10 \times 10 = 1000$（cm³）

ということは，1000mL＝1000cm³
1 mL＝1 cm³ ということだね

320mL＝320cm³ です

　1Lが入る容器などを用意して，1Lの水を入れて体積を調べることで，液量と体積の関係を考えさせることが大切である。

1 整数と小数

2 体積（直方体・立方体）

3 変わり方

4 小数のかけ算

5 小数のわり算

6 合同な図形

7 図形の角

8 整数の性質

9 分数と小数、整数の関係

本時の評価

・容積の意味を理解し，容積を計算で求めることができ，求めた容積が
何 mL になるかを考えることができる。

準備物

・問題の図（提示用）
・問題が書いてるワーク
　シート

〈容積〉

入れ物などの内側のたて、
横、深さのことを内のりと
いいます。
入れ物の内側いっぱいの
体積を、その入れ物の
容積といいます。

$10 \times 10 \times 10 = 1000$

1 L = 1000cm³

1 L = 1000mL

1 cm³ = 1 mL

ということは、320cm³ = 320mL

320cm³ は何 mL ？

ヒント

1 L の水を入れ物に
入れてみよう。

1 L を
入れると…。

10cm の
深さだ！

次は直方体の木をこのように
切りぬきました。
この入れ物いっぱいに入る水の体積は
何 cm³ ですか。
また何 mL ですか。

$6 \times 6 \times 4 = 144$

144cm³

144mL

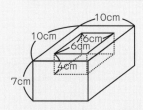

4 この入れ物だと、
容積は何 cm³ かな？

直方体の体積と同じように考える
から、$6 \times 6 \times 4 = 144$　144cm³
です

ということは、
144mL だね

適用題で、容積の求め方や液量の単位との関
係の理解の定着を図る。

まとめ

　容積は、入れ物に液体などを入れる
部分の体積であるから、例えば液量の
単位との関係を知っておくことは、実
生活との関連を意識しても必要なこと
である。
　体積と液量との関係を理解する際
は、実際に水を入れものに入れてその
体積を考えてみるなど、実感を伴った
理解をすることが大切である。

本時案

体積と比例関係

本時の目標

・たてと横の長さが等しい直方体の高さと体積の関係を考察することを通して，比例について理解する。

授業の流れ

1 ②の直方体の体積は何 cm³ ですか?

15×24×6 だから…

わかった！大変な計算をしなくてもいいよ。
1080×2＝2160
2160cm³ です

　子どもが知らず知らずのうちに比例関係を用いて問題解決をする場を用意する。

　後から，その関係を比例であると教える展開である。

○月□日（△）

① の直方体は、1080cm³ です。

② の直方体の体積は何 cm³ ？

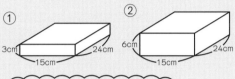

①　3cm　24cm　15cm
②　6cm　24cm　15cm

わかった！計算しなくてもすぐわかるよ！

どうして体積を求める計算をしなくてもわかるのかな？

1080×2＝2160
2160cm³

どうしてこれでいいの？

---

2 どうして1080×2 で求められるの?

①の直方体の2倍の体積ってこと？

そうか。高さが2倍だからだ

15×24×6 ＝2160 になりました。たしかに正しいです

　①の直方体を2つ用意しておき，2段重ねて②の直方体をつくる。高さが2倍になると，体積も2倍になることを視覚的にもおさえると理解が深まる。

---

3 ②の直方体の高さが 9 cm になったら体積は何 cm³ になりますか?

1080×3＝3240
3240cm³ です

高さが3倍になると，体積も3倍になるからです

　なぜ1080×3 にするか，その理由を言葉で説明できることが比例の理解につながる。

1	整数と小数
2	体積（直方体・立方体）
3	変わり方
4	小数のかけ算
5	小数のわり算
6	合同な図形
7	図形の角
8	整数の性質
9	分数と小数、整数の関係

本時の評価

・比例の関係を使って体積を求め，その過程を説明することができる。

準備物

・問題の図（提示用）
・問題が書いてあるワークシート

・たてと横の長さは同じで、
高さが2倍になったから
体積も2倍になると考えたから。

〈たしかめ〉
15×24×6=2160

② の直方体の高さが
9cmになったら、体積は
何cm³になりますか？

9÷3＝3　　　　高さが3倍になると
1080×3＝3240　体積も3倍に
　　　　　　　　　なるから。
　　　3240cm³

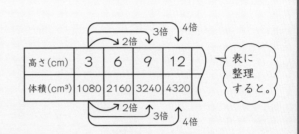

表に整理すると。

高さ(cm)	3	6	9	12
体積(cm³)	1080	2160	3240	4320

〈比例〉
2つの数量があって、一方の値が2倍、
3倍…になると、それにともなって
もう一方の値も2倍、3倍…
となるとき、この2つの数量は
比例するといいます。

---

4 高さと体積の関係を表に整理しておこう

高さが3cmだと1080cm³
高さが6cmだと2160cm³
高さが9cmだと3240cm³

　表に矢印を入れながら、高さが2倍、3倍、…になると、それに伴って体積も2倍、3倍、…となるとき、この2つの数量は比例するということを教える。

まとめ

　底面積を固定した場合の直方体の高さと体積との関係を考察して，比例を教える場面である。
　大切なのは，比例関係を用いて問題を解決する経験をさせることだ。
　わざわざ公式を用いて体積を求めなくても高さの倍関係に着目して簡単に体積を求めることで，比例を知るだけでなく，比例のよさを感じることが大切である。

本時案

複合図形の
体積を求めよう

7/8

授業の流れ

1 この立体の体積を求めよう

困ったな。直方体の公式が使えないよ

前にやった12個の積み木で作った形みたい

あのときは，2つに分けて式にしたよ

　直方体であったら公式が使えるが，今のままでは公式が使えないので困っているといった問題意識を共有する。

○月□日（△）

下のような立体の体積は何 cm³ ですか。

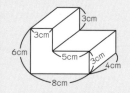
3cm
3cm
6cm
5cm
3cm
4cm
8cm

つみ木で作った形ににているよ
ヒント

どうやって求めればいいのかな？

① 直方体2つに分けて考える。

② 直方体をたして考えて、あとから引く。

③ 切って動かす。

④ 2つ組み合わせて半分を求める。

2 どうすれば直方体の公式が使えるのかな？

面積の学習を思い出せばいい

直方体2つに分ければいい

　複合図形の面積の学習を想起させることで，立体を2つに分割して求める方法を見いださせるのも1つの方法である。

3 ここで2つに分けました

どうして2つに分けたの？

直方体の公式が使えるから

この式は，体積をどのようにして求めたのかな

$11 \times 4 \times 3 = 132$

　複合図形の立体模型を2人に1つ配付し，手元で観察しながら考えさせることが大切である。

1	整数と小数
2	体積（直方体・立方体）
3	変わり方
4	小数のかけ算
5	小数のわり算
6	合同な図形
7	図形の角
8	整数の性質
9	分数と小数、整数の関係

本時の評価

・直方体の複合図形の体積を多様な方法で求め，その方法を説明することができる。

準備物

・問題の図（提示用）
・問題が書いてあるワークシート

①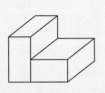

（式）

$3×4×6=72$

$5×4×3=60$

$72+60=132$　132cm²

②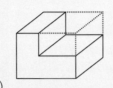

（式）

$8×4×6=192$

$5×4×3=60$

$192-60=132$　132cm³

③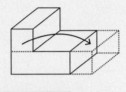

（式）

$\boxed{11×4×3=132}$　132cm³

↓

式をヒントに考えてみよう！

④

（式）

$11×4×6÷2=132$　132cm³

まとめ

直方体に体積の公式が使えるように形を工夫している。

4 これを見てください。このように2つ組み合わせると…

直方体になった！

どんな計算で体積が求められるかな？

④の考えは，子ども達が気づかない場合は，こちらで提示し，計算の仕方を考えさせるようにする。

まとめ

　複合図形の体積を求めるときは，複合図形の面積の学習を想起させることと，直方体の公式を使えるようにすることを意識させることがポイントである。

　複合図形の見方を基に式を考えさせたり，式から複合図形の見方を考えさせたりするようにして，子ども達全員で活発に求積に取り組ませることが大切である。

本時案

辺の長さの和が同じだと，体積は同じかな？

授業の流れ

1 Sサイズの送料で送ることができる①と②の箱は，どちらの方がたくさん入るかな？

> どちらも，たて，横，高さの和が 60 ㎝だから同じだと思います

> 計算しないとわからないよ

　日常生活と関連させた問題場面である。実際に箱を用意して子どもに見せると，なお実感がわく。

本時の目標

・直方体の体積は，辺の長さに依存しないことを理解する。
・3つの辺の合計が60cm の場合の体積が最も大きい箱を考えることができる。

○月□日（△）

宅配便で荷物を送ります。
Sサイズの送料で送るには、箱の大きさを、たて、横、高さの3つの辺の長さの和が60cm 以下にすればよいそうです。

> 次の箱はどちらの方がたくさん入りますか。

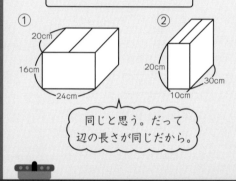

①　20cm　16cm　24cm
②　20cm　10cm　30cm

> 同じと思う。だって辺の長さが同じだから。

2 では，調べてみよう

> ①は，24×20×16＝7680
> 7680cm³

> ②は，10×30×20＝6000
> 6000cm³

> あれっ，全然違うよ。辺の長さは関係ないね

3 だったら，たて，横，高さの和が60cm でも，もっと入る箱ができるんじゃない？

> それは面白いね。Sサイズの送料で最大の体積の箱を考えてみようか

　日常生活の問題場面なので，子どもから問いが生まれやすい。子どもの問いを全体で共有して，みんなで追究したい。

1 整数と小数

2 体積（直方体・立方体）

3 変わり方

4 小数のかけ算

5 小数のわり算

6 合同な図形

7 図形の角

8 整数の性質

9 分数と小数、整数の関係

本時の評価

・２つの直方体の体積を比較し，体積は辺の長さに依存しないことを説明することができる。

・たて，横，高さの３辺の合計が60cm で，体積が一番大きい直方体（立方体）を考えることができる。

準備物

・問題の図（提示用）

・問題が書いてあるワークシート

---

① 24×20×16＝7680

7680cm³

② 10×30×20＝6000

6000cm³

あれっ？ ぜんぜんちがうよ。辺の長さは関係ない。

もっと体積が大きくなる箱があるんじゃない？

３つの辺の長さの和が 60cm で体積が大きい箱を考えてみよう。

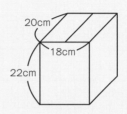

20×18×22
＝7920
7920cm³

20×20×20
＝8000
8000cm³

立方体の箱が大きいよ！

4　20×18×22＝7920
①の箱より大きい箱ができたよ！

20×20×20＝8000
もっと大きくなったよ

この箱は，立方体だ！

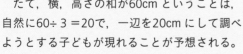

たて，横，高さの和が60cm ということは，自然に60÷３＝20で，一辺を20cm にして調べようとする子どもが現れることが予想される。

まとめ

　宅配便で荷物を送る際の問題場面を，体積の学習の活用場面として用いた。

　宅配便の送料は，送る箱の３辺の長さの和で決まることがある。その事実からは，辺の長さで体積が決まるように考えられるが，実は辺の長さと体積に依存関係はない。面積と周りの長さとの関係に似ている。

3 変わり方 （4時間扱い）

単元の目標

・比例の意味とその存在を知り，簡単な場合について数理的な事象を比例の観点から見直すことができる。
・伴って変わる2つの数量の関係を表に整理し，比例の観点から考察することができる。

評価規準

知識・技能	①簡単な場合について，比例の関係があることを知ることができる。
思考・判断・表現	②伴って変わる2つの数量を見いだして，それらの関係に着目し，表や式を用いて変化や対応の特徴を考察することができる。
主体的に学習に取り組む態度	③伴って変わる2つの数量の特徴の考察の方法や結果を振り返って，簡潔・明瞭で一般化された表現に工夫するなど，よりよく問題解決しようとする。

指導計画 全4時間

次	時	主な学習活動
第1次 比例関係の意味	1	直方体の高さを1cmずつ高くしていったときの体積を表に整理し，比例関係を見いだしたり，比例関係を使って問題を解決したりする。
	2	いくつかの伴って変わる2つの数量の中から比例関係にある2つの数量を見いだし，その理由を説明する。
	3	伴って変わる2つの数量の関係を○や△といった記号を用いて式に表し，問題を解決する。
第2次 比例ではない関係の考察	4	比例ではない2つの数量の関係を，表や一般的な式に表して考察する。

単元の基礎・基本と見方・考え方

⑴比例について

　第4学年で伴って変わる2つの数量の関係を学習した子どもに，第5学年では，簡単な場合について比例を指導する。

　ここで言う簡単な場合とは，伴って変わる2つの量□と○の関係を表に整理して，□が2倍，3倍，4倍……になると，それに伴って○も2倍，3倍，4倍……になる場合に，○は□に比例するということを知る程度である。

　このような関係は，身の回りに見つけることができる。例えば「1個40円のお菓子の個数と代金」や「縦の長さが5cmに決まっている長方形の横の長さと面積」などである。かけ算を使って表す場面がそれにあたる。これらの変わり方を，表の中に数量を当てはめながら調べていくことを通して，2つの数量の対応や変化の仕方の特徴を見いだすことができるようにするのが本単元のねらいである。

　比例の関係を的確に捉えられるようにするためには，子どもが見出した特徴やきまりを表現することが大事になる。例えば，1個の代金が決まっているあめの代金であれば「個数が2倍，3倍，4倍……になれば，代金も2倍，3倍，4倍……になる」と言葉で表現したり，表の中に矢印を書き入れて，2倍，3倍，4倍……という変化を表したりすることである。

⑵比例の指導場面

　第5学年の学習内容は比例を前提としているものが多い。例えば，小数のかけ算やわり算，底面積が等しい直方体の高さと体積，底辺の長さが等しい三角形や平行四辺形の高さと面積，2つの数量の関係同士を比較する割合の学習においても2つの数量の比例関係が前提になっている。

　そのため，これらの学習の前に比例を扱っておくと，比例の考えを土台とした深い学びを展開することができる。したがって，比例を他の学習内容と別のものと捉えないで，他の学習内容と関連づけて指導することが大切である。

　子どもには，比例が多様な場面で存在することを理解させるとともに，比例の考えを定着させることにつながる。

⑶変化や対応の特徴を考察する

　第5学年においても，伴って変わる2つの数量の関係を，表や式を用いて表し，数量の間の変化や対応の特徴を考察して規則性などを見つけていく。

　特に，表を用いて変化や対応の規則性を見いだすことは考察の基礎となる。簡単な場合の比例の関係においても，数値間の倍関係に着目しながら，変化の規則性を捉えていく。同時に，関係を式に表せないかと考えるなど，式についても次第に活用していけるようにする。

　見出された変化や対応の規則性を生かして問題解決する過程で，規則性と知りたい数量との関係を捉え，求めたい数量を導く。解決した後には，見出した規則性を基に，数値を変えるなどして問題の条件を変更して，発展的に考察することも大切にしたい。

1 整数と小数

2 体積（直方体・立方体）

3 変わり方

4 小数のかけ算

5 小数のわり算

6 合同な図形

7 図形の角

8 整数の性質

9 分数と小数、整数の関係

本時案

直方体の高さと体積の変わり方

授業の流れ

1 直方体の高さを 1 cm ずつ高くしていったときの体積を表に整理してみよう

> 高さが 1 cm ずつ増えるごとに，体積が 20cm³ ずつ増えるんだ

たて 4 cm，横 5 cm，高さ 1 cm の直方体の模型をいくつか用意しておき，重ねて見せることで，高さが 1 cm ずつ増えるイメージを持たせる。

体積の単元で高さと体積が比例することを学んでいるので，思い出して比例のことを言う児童がいたら取り上げて確認する。

○月□日（△）

直方体の高さを 1cm ずつ高くしていったときの体積について表に整理してみよう。

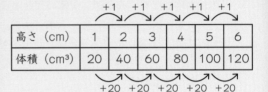

高さ（cm）	1	2	3	4	5	6
体積（cm³）	20	40	60	80	100	120

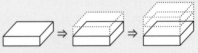

たて 4cm 横 5cm の　　変わり方の
直方体の高さと体積　　きまり

> 高さが 1cm 増えると，体積が 20cm³ 増える。

---

2 では問題ですよ。体積が500cm³ のときの高さは何 cm ですか?

> 5 × 5 = 25
> 25 cmです

> どういう意味?

---

3 どうして 5 × 5 = 25で求められるのかな?

> 500cm³ は，100cm³ の 5 倍です。ということは，高さも 5 倍になるので 5 × 5 = 25 です

> 高さと体積は比例するからです

5 × 5 で求められる意味を，一人一人の子どもが説明できるように働きかける。

---

1 整数と小数

2 体積（直方体・立方体）

3 変わり方

4 小数のかけ算

5 小数のわり算

6 合同な図形

7 図形の角

8 整数の性質

9 分数と小数、整数の関係

・直方体の高さと体積の関係を表に整理し，比例関係や対応の関係を使って問題解決をすることができる。

・直方体の高さが変化していく図（提示用）

体積が 500cm³ のときの
高さは何 cm ですか。

（式）500÷100＝5

　　5×5＝25　答え 25cm

どういう意味？

500cm³ は 100cm³ の 5 倍。
だから高さも 5 倍になるので 25cm。

〈他の求め方〉

（式）500÷20＝25

　　1×25＝25

答え 25cm

（式）高さを□cm とする。

□×20＝500

□＝500÷20

　＝25　答え 25cm

高さの数の 20 倍が
体積の数になっている。

高さを□cm、体積を△cm³
とすると、□×20＝△

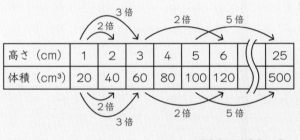

高さ (cm)	1	2	3	4	5	6		25
体積 (cm³)	20	40	60	80	100	120		500

500÷100＝5

2つの量□と△があり、
□が 2 倍、3 倍、…になると、
それにともなって△も
2 倍、3 倍…になるとき、
「△は□に比例する」という。

---

4 表を縦に見ると，高さの数に20をかけると体積になる！

高さを□cm, 体積を△cm³とすると，どんな式で求められるのかな

□×20＝△

　体積の単元で高さと体積が比例することは学んでいる。そのことを再度おさえるとともに，表から対応の関係を読みとらせ，問題解決に活かすこともねらう。

まとめ

　既習の体積の学習の時に，直方体の体積は高さに比例することを学んでいる。

　本時は，改めて表に直方体の高さと体積の整理し，変化の関係と対応の関係を捉え，それを用いて問題解決をすることが大切である。

　ここでいう変化の関係は，比例関係のことである。

本時案

比例関係を
見つけよう

本時の目標

・あ〜うの伴って変わる2つの数量を見て，比例の関係にあるものを見つけ，その理由を説明することができる。

授業の流れ

1 あ〜うの表を見てください。2つの量が比例しているのは，どれでしょう？

絶対これは比例ではないというのはありますか

いは違います

だって，一方の量が減っているからです

　あ，い，うの2量の関係を見ると，いは一方が増えているのに，もう一方は減っている。明らかに比例ではないことがわかる。しかし，あとうは，2量ともに等差数列であることから間違って比例関係とみなす子どもがいるかもしれない。

○月□日（△）

2つの量が比例の関係にあるのはどれでしょう。

あ ストローで正方形を横につなげた形を作るときの正方形の数とストローの本数

正方形の数（個）	1	2	3	4	5
ストローの本数（本）	4	7	10	13	16

い 5まい入りの折り紙の使ったまい数と残りのまい数

使ったまい数（まい）	1	2	3	4	5
残りのまい数（まい）	49	48	47	46	45

2 あは比例だと思います

ちがうと思います

あの2量は比例といえるかどうか，隣の友だちと話してみよう

　前時に確認した比例の定義に照らして考えるように促す。

3 あは，正方形の数が2倍になっても，ストローの数は2倍にならないから比例ではありません

ということは，うも比例ではないです

あ，い，う，全部比例じゃないよ！

　比例関係のものがないことから，自分達で比例関係が成り立つ2量を考えようという展開にする。

1 整数と小数

2 体積（直方体・立方体）

3 変わり方

4 小数のかけ算

5 小数のわり算

6 合同な図形

7 図形の角

8 整数の性質

9 分数と小数、整数の関係

本時の評価

★ ⑤〜⑦の伴って変わる 2 つの数量の中で比例関係にあるものを選んだり，比例する伴って変わる 2 つの数量を考えたりして，比例についての理解を深めることができる。

・⑤〜⑦の伴って変わる 2 つの数量の中で，比例関係にあるものを選ぶことができ，その理由を説明することができる。

準備物

・⑤〜⑦の伴って変わる 2 量の表（提示用）
・⑤〜⑦の伴って変わる 2 量の表（児童配付用）

---

⑦ 90g の箱に 70g のおかしを入れるときのおかしの個数と全体の重さ

おかしの個数（個）	1	2	3	4	5
全体の重さ（g）	160	230	300	370	440

比例の関係にある
2量を考えてみよう。

一方の量が2倍、3倍…になったとき、
もう一方の量も2倍、3倍…となる関係。

表に ⟲ を
書いてみよう

◎ 1 このねだんが 20 円のあめをいくつか買うときのあめの個数と代金

あめの数（個）	1	2	3	4	5
代金（円）	20	40	60	80	100

×2　×3

2倍　3倍

〈考え方〉 どれも比例していないよ！

あ 正方形の数が　1→2のとき（2倍）
ストローの本数　4→7
2倍でない

い 使ったまい数が増えたとき残りのまい数はへっている。

⑦ おかしの個数　1→2（2倍）
全体に重さ　160→230。
2倍でない

◎ 底辺の長さが同じ三角形の高さと面積

6cm

×2　×3

三角形の高さ（cm）	1	2	3	4	5
面積（cm²）	3	6	9	12	15

2倍　3倍

---

4 では，比例の関係にある 2 量を考えてみようか

1 個の値段が 20 円のあめを買う時のあめの個数と代金です

子どもたちが発表したものは，表に表して確かめてみる。

まとめ

　比例の定義に照らして，2 量が比例するかどうかを吟味する。

　2 量とも増加するからといって比例とは限らないことに注意させる。

　比例関係にある 2 量を考えることができたら，比例の理解が深まったといえる。

本時案

関係を式に
表そう

3/4

本時の目標

・比例する 2 つの数量の関係を記号を用いて
　一般的な式に表現することができる。

授業の流れ

1 代金はどんな式で
求められるかな

1 m が 80 円だから，2 m
だったら，2 倍だから，
80 × 2 ＝ 160 です

3 m だったら 1 m の 3 倍だから
80 × 3 ＝ 240　です

　80 × 2 の 2 は，2 倍という意味であること
を確認する。80 円に 2 m をかけるでは，意味
がわからない。

○月□日 （△）

関係を式に表そう。

1 m のねだんが 80 円のリボンを買うときの
買う長さ○m と代金△円

買う長さ（m）	1	2	3	4	5
代金（円）	80	160	240	320	400

80×2　80×3　80×4　80×5

（式）80 × ○ ＝ △

代金は長さに
比例する。

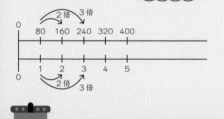

---

2 買う長さを○ m，代金を△円と
して，代金を求める式を作ろう

80 × ○ ＝ △

○の数はもとは長さだ
けど，○倍の意味です

　○と△で式に表すことが難しい子どもには，
記号を使わないで数値だけで代金を求めて，長
さの数値の部分に○，代金の部分に△をあては
めるようにする。

---

3 階段を使って 1 階の床から 3 階
の床までの高さを調べます。何
が分かれば調べられるかな？

1 段の高さと 3 階まで
の段数です

高さは，段数に比例す
るからです

　表に表された 2 量の関係を式に表す学びか
ら，問題解決のために自ら伴って変わる 2 量
を考え，式に表現する学びに発展させる。

1 整数と小数

2 体積（直方体・立方体）

3 変わり方

4 小数のかけ算

5 小数のわり算

6 合同な図形

7 図形の角

8 整数の性質

9 整数と小数、分数の関係

本時の評価

・比例する2つの数量の関係を記号を用いて一般的な式に表すことができる。

準備物

・伴って変わる2つの数量の表（提示用），伴って変わる2つの数量の表（児童配付用）

1mの重さが2.15kgのパイプがあります。
このパイプ〇mの重さが△kg。

パイプの長さ（m）	1	2	3	4	5
パイプの重さ（kg）	2.15	4.3	6.45	8.6	10.75

2.15×2 2.15×3 2.15×4 2.15×5

重さは長さに
比例する。

（式）2.15×〇＝△

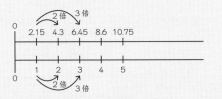

階だんを使って1階のゆかから
3階のゆかまでの高さを調べます。

何がわかればいいのかな？

・1だんの高さ→15cm
・3階までのだん数→52だん

高さはだん数に
比例すると思うから

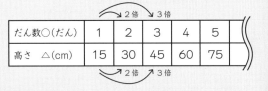

だん数〇（だん）	1	2	3	4	5
高さ　△(cm)	15	30	45	60	75

15×〇＝△　　15×52＝780

答え　7m80cm

---

4 1段の高さは15cm，
段数は52段です

表に表してみます

だん数が2倍，3倍になると，
高さも2倍，3倍になるので，
比例しています

15×52＝780　780cmです

まとめ

　2量の比例の関係を表から捉え，式に表して問題解決することをねらいとする授業である。

　最後は，問題解決のために，比例する2量を見いだすところから考える。2量の比例関係を問題解決に生かすことで，比例関係を見いだすよさを感得することが大切である。

本時案

ストローの本数は何本？

本時の目標

・加法と乗法の2つの演算を用いて表す2量の関係を捉え，式に表して問題を解決することができる。

授業の流れ

1 正方形30個つくるには，ストローは何本必要でしょう？

正方形30個まで表に書くと大変

何かきまりがないかな

表にして，ストローの本数を求める式を見つけよう

　大きな問題を解決するために，条件を単純に（数値を小さく）して調べることで，何かきまりを見つけようとする考え方がある。単純化の考えである。

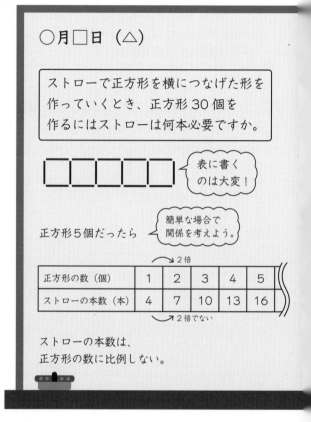

○月□日（△）

ストローで正方形を横につなげた形を作っていくとき，正方形30個を作るにはストローは何本必要ですか。

表に書くのは大変！

正方形5個だったら　簡単な場合で関係を考えよう。

		2倍			
正方形の数（個）	1	2	3	4	5
ストローの本数（本）	4	7	10	13	16

2倍でない

ストローの本数は，正方形の数に比例しない。

2 正方形5個ぐらいまでのストローの本数を表に表してみました

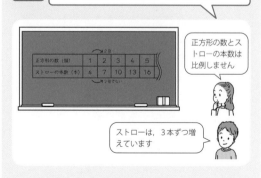

正方形の数とストローの本数は比例しません

ストローは，3本ずつ増えています

3 正方形5個の場合のストローの本数を求める式を考えてみよう

$1 + 3 × 5 = 16$

図で表すと，こういうことだね

もしも正方形6個だったら，$1 + 3 × 6 = 19$ となります

　正方形の数を○個，ストローの本数を△本として式に表現する。$1 + 3 × ○ = △$とまとめる。

ストローの本数は何本？
054

1 整数と小数

2 体積（直方体・立方体）

3 変わり方

4 小数のかけ算

5 小数のわり算

6 合同な図形

7 図形の角

8 整数の性質

9 整数と小数、分数の関係

本時の評価

・加法と乗法の 2 つの演算を用いて表す 2 つの数量の関係を捉え，式に表して問題を解決することができる。

準備物

・ストローの図（提示用）

正方形5個の場合の
ストローの本数の求め方を
考えよう。

$1+3×⑤=16$　　答え 16 本

もしも正方形の数が6個だったら
$1+3×⑥=19$

7個だったら
$1+3×⑦=22$

正方形の数を○個、
ストローの本数△本とすると、

$\boxed{1+3×○=△}$　　$1+3×30=91$

答え 91 本

$4+3×4=16$

正方形6個だったら
$4+3×5=19$

7個だったら
$4+3×6=22$

○と△で式に表せるかな？

$\boxed{4+3×（○-1）=△}$
↓
$4+3×（30-1）=91$

---

4 これで正方形30個の場合のストローの本数を簡単に求めることができるよ

式に当てはめると，
$1+3×30=91$
91 本です

その他にも，$4+3×（○-1）=△$ といった式に表すことができたら，ストローの本数を求めてみる。

まとめ

　加法と乗法を用いて表す 2 量の関係を扱う。

　2 量の変化の様子を表に表したり，式に表現したりすることで，関係を捉えることが大切である。また，式に表現したら，その意味を図と関連づけて説明することが大切である。

　一般的な式に表現して問題を解決することで，関係を捉える面白さを感得させたい。

4 小数のかけ算　8時間扱い

単元の目標

・数直線や図などを活用することで演算決定をすることができるとともに，（×小数）の意味は，（×倍，割合）であることを見いだすことができる。
・既習の計算の仕方や演算の意味，計算のきまりを活用して，具体的な場面と関連づけながら，筋道を立てて計算の仕方を考えることができる。

評価規準

知識・技能	①かける数が小数である場合の小数のかけ算の意味について理解することができ，小数のかけ算の計算ができる。 ②小数のかけ算についても整数の場合と同じ関係や法則が成り立つことを理解することができる。
思考・判断・表現	③かけ算の意味に着目し，かける数が小数である場合まで数の範囲を広げてかけ算の意味を捉え直すことができる。 ④小数のかけ算の計算の仕方を考えることができる。
主体的に学習に取り組む態度	⑤整数の場合の計算の意味や計算の仕方を活用して，新しい計算の仕方をつくることができ，学習したことを生活や学習に生かそうとする。

指導計画　全8時間

次	時	主な学習活動
第1次 小数のかけ算の意味と計算の仕方	1	（×小数）の意味を（×倍）の意味として捉え，演算決定をする。
	2	80×2.1の小数のかけ算の計算の仕方を考え，具体的な場面や図と関連づけながら説明することができる。
	3	80×2.5の計算の仕方を，（×整数）に帰着させて考えることができる。
	4	小数×小数の筆算の仕方を考えることができる。
	5	かけられる数やかける数が $\frac{1}{100}$ までの小数のかけ算の筆算の仕方を考えることができる。
	6	積の小数部分の桁数が，かけられる数とかける数の小数部分の桁数の和になっていることに習熟する。
第2次 積の大きさ	7	かける数と積の大きさの関係を見いだす。
第3次 面積や体積の公式	8	辺の長さが小数でも面積や体積の公式が適用できることを理解する。

単元の基礎・基本と見方・考え方

⑴小数のかけ算の意味指導

　次のような導入問題を通して，小数のかけ算の意味指導を行うことがある。

「1 m 80円のリボンがあります。2.3 m では代金はいくらでしょうか」

　立式については，整数のかけ算の時に用いた「1 m の値段 × 長さ＝代金」という言葉の式にあてはめることがあるが，それでは意味がわかったことにならない。「値段に長さをかけるとは，どういう意味かな？」と疑問をもつ子どもであってほしい。

　それまでのかけ算は，「（1つ分）×（いくつ分）」と「（量）×（倍）」の2つの意味で指導してきたはずである。しかし，何らかの手だてがないと「×2.3」の意味に気づくことはできないだろう。そこで，例えば具体物を提示して，視覚的に「2.3倍」という言葉を子どもから引き出す。

　下の2本のリボンは，「短い方が80円，長い方はいくら？」という問題場面のものである。

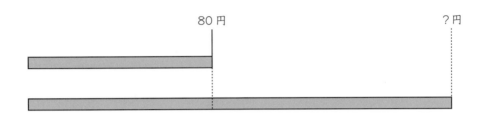

　このとき，長い方のリボンの長さが短い方の2.3倍であることを調べて，「長さが2.3倍だから代金は2.3倍になる」という説明を子どもから引き出す。そのことによって，80×2.3という立式をするのである。このときの「×2.3」は，長さではなく倍の意味になる。

　この小数倍の意味とその式は，「基準量 × 割合（倍）＝比較量」という割合の学習に結びつく。だからこそ，小数のかけ算の意味指導を大切にする必要がある。

⑵小数のかけ算の計算の仕方

　⑴の80×2.3で考える場合，次のような計算の仕方が考えられる。

①　0.1 m の代金を基に考える。

　0.1 m が 8 円。2.3 m はその代金の23倍だから，　80÷10×23＝184

②　23 m の代金を基に考える。

　1 m が80円。23 m はその代金の23倍だから1840円。2.3 m は，23 m の $\frac{1}{10}$ だから，

80×23÷10＝184

③　かける数を10倍にすると積も10倍になるという計算のきまりを使う。

　80×2.3の2.3を10倍にして80×23＝1840，積を $\frac{1}{10}$ にして184。

　①，②は，具体的な問題場面にそって考えたものである。意味がわかりやすいものの解決方法が具体的状況から脱していない。③は計算のきまりを用いて，数学的方略へと水準をあげた一般化された方法といえる。①，②だけでなく，③の方法まで考えさせることが大切である。

1 整数と小数
2 体積（直方体・立方体）
3 変わり方
4 小数のかけ算
5 小数のわり算
6 合同な図形
7 図形の角
8 整数の性質
9 整数と小数、分数の関係

本時案

どんな式に
なるのかな？

本時の目標
・小数のかけ算の式の意味を理解することができる。

授業の流れ

1 リボンの代金はいくらだろう

（1本のリボンを提示して）このリボンは80円です。（もう1本提示して）このリボンの代金はいくらだと思いますか

どうしてそう思ったの？

160円かな

長さが2倍ぐらいだから，代金も2倍ぐらいだと思ったからです

　短い方が1m，長い方が2.1mと長さを示すと，正確な答えを求める方に目が向き，気楽に代金を予想しにくくなる。見た目で判断させると，長さを約2倍（整数倍）と見て，代金と長さの比例関係を使って代金を予想する。子どもから〇倍という表現を引きだすための方法である。

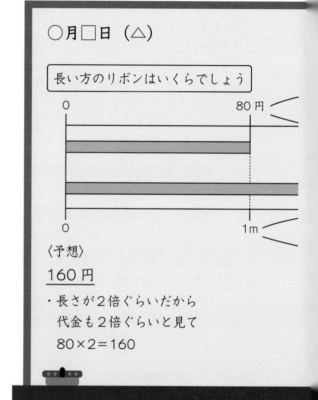

○月□日（△）

長い方のリボンはいくらでしょう

0　　　　　　　　　　　　　80円

0　　　　　　　　　　　　　1m

〈予想〉
160円
・長さが2倍ぐらいだから
　代金も2倍ぐらいと見て
　80×2＝160

2 では，どうしたら，このリボンが元のリボンの何倍かがわかりますか？

長さがわかればいいと思います

長さは，短い方が1m。長い方が2.1mです

わかった！

80×2.1だ

　2.1mは，1mの2.1倍であることを，意識させることが重要である。小数倍は，4年生の学習内容。必要に応じてその意味を復習する。

3 どうして80×2.1なの？

長い方のリボンは，80円のリボンの2.1倍の長さだから，代金も2.1倍と考えて80×2.1としました

今の説明はわかりましたか。式とその理由をノートに書いて，隣の人に説明しましょう

　80×2.1の式になる理由を，2本の数直線の図を用いて，友だちに表現することが大切である。

本時の評価

・小数のかけ算の立式をすることができ，その式になる理由を説明することができる。

準備物

・1mと2.1mの紙テープ（提示用）

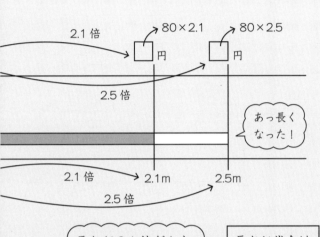

どうすれば式がわかるかな？

・長さがわかればいい。
・長さが短いリボンの何倍かがわかれば式ができる。
2.1mなら2.1倍だから
80×2.1
2.5mなら2.5倍だから
80×2.5

4 あれっ？　このリボンは折ってありました。本当はもっと長いようです

長さは何mかな

2.5mです。この場合，どんな式で代金を求めることができるかな。式とその理由をノートに書いてみよう

同じ文脈の中で立式に関する適用題を出すことがポイントである。

まとめ

　小数のかけ算の導入では，×小数の演算決定をすることができるようになること，その理由を説明することができることが重要である。
　長さに応じて代金が比例するという関係を用いて×小数になる説明をする。
　計算の仕方についての学習は，次時以降に行う。

1 整数と小数
2 体積（直方体・立方体）
3 変わり方
4 小数のかけ算
5 小数のわり算
6 合同な図形
7 図形の角
8 整数の性質
9 分数と小数、整数の関係

本時案

どうやって
計算するのかな？

2/8

授業の流れ

1 先生が図をかくから問題文を考えてね

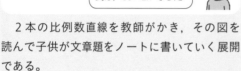

（途中までかいて）
1 m80 円のリボンがあります。
（続きをかいて）
2.1mの代金はいくらですか

これは，前の時間の問題と同じだ

式は，80×2.1 でした

2 本の比例数直線を教師がかき，その図を読んで子供が文章題をノートに書いていく展開である。

2.1m という数値は，前時の導入授業で扱い，立式まで行っていた数値である。

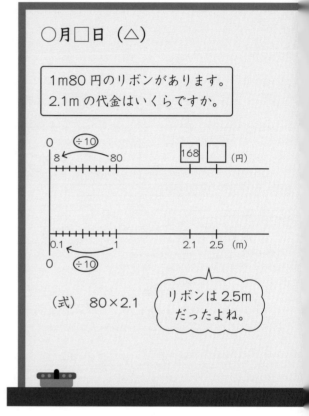

○月□日（△）

1m80 円のリボンがあります。
2.1m の代金はいくらですか。

（式）　80×2.1

リボンは 2.5m
だったよね。

2 では80×2.1を計算してみよう

80×2 = 160，80÷10 = 8，
160 + 8 = 168。168 円です

80÷10 はどういう意味かな？

0.1mの代金を求めています

2.1m の代金を求めるという数値設定は，0.1m の代金を基に考えるという子供の発想を引き出すためのものである。

3 80÷10 = 8　　8 ×21 = 168 これでも求められます

どういうことかな？

0.1mの代金 8 円を求めて，2.1mは，0.1mの 21 倍だから 8×21 をしました

図でも説明できますか

2 本の数直線の図と式を関連付けながら説明させることが大切である。

1 整数と小数

2 体積（直方体・立方体）

3 変わり方

4 小数のかけ算

5 小数のわり算

6 合同な図形

7 図形の角

8 整数の性質

9 分数と小数、整数の関係

本時の評価

・80×2.1の計算の仕方について，0.1m の代金に着目して求めることができる。
・80×2.1や80×2.5の計算の仕方について，0.1m の代金に着目して考えることができる。

どうやって計算すれば
いいのかな？

80×2＝160
80÷10＝8
160＋8＝168　168円

80÷10は
どういう意味？

0.1m の
代金

80÷10＝8（0.1m の代金）
8×21＝168　どういうこと？

0.1m の代金を
求めて、2.1m は 0.1m の
21 倍だから 8×21 で求める。

80×2.5 を計算しよう。

80×2.1 と
同じように考えよう。

80×2＝160
80÷10＝8
8×5＝40
160＋40＝200　200 円

2m と 0.5m に
分けて計算
している。

0.1m の代金の
25 倍と見る。

80÷10＝8
8×25＝200　200 円

0.1m の代金をもとに考えている。

---

4 リボンの本当の長さは2.5m
でした（前時の学習）。2.5m も
求められるよ

では，2.1mと同じように求めてみようか

80×2＝160　80÷10＝8
8×5＝40　160＋40＝200
200 円

80÷10＝8　8×25＝200　200 円

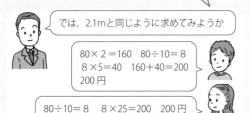

　2.5m の代金を 1 m，5 m や10m といった整数に帰着して求めている方法は，次時に取りあげることにする。

まとめ

　×2.1の場合と ×2.5の場合では，子供から考え出される計算の仕方が変わってくる。

　×2.1の場合は，0.1m の代金に着目しやすい。本時では，2 本の数直線の図を活用して丁寧に説明活動を行う。

　×2.5の場合は，1 m や 5 m の代金に着目しやすい。整数値に着目した求め方は，次時に扱う。

本時案

80×2.5の計算の仕方を考えよう

授業の流れ

1 前の時間に考えていた80×2.5の他の計算の仕方を発表しよう

80×2+80÷2＝200 200円です

この式はどういう意味かな？

80×2 は 2mの代金で，0.5mは 1mの半分の長さだから 80÷2で求めます

　80×2.5の計算は，上記の対話のように0.5を1の半分と見て求めることができる。

　また，2.5を5の半分や，2.5を10の $\frac{1}{4}$ と見たりして求めることができる。

　また，そのように整数に着目して求める観点から，2.5を10倍して25にして計算し，その答えを $\frac{1}{10}$ にして求める方法を扱い，筆算につなげていく。

○月□日（△）

80×2.5 の計算の仕方を考えよう。

・80×5÷2＝200　　<u>200 円</u>

この式はどういう意味かな？

2.5m は 5m の半分だから，5m の代金を求めて 2 でわって 2.5m の代金を求める。

・80×10÷4＝200　　<u>200 円</u>

2.5m は、10m の $\frac{1}{4}$ の長さ。
10m の代金の $\frac{1}{4}$ の代金を求める。
（÷4）

---

2 80×5÷2＝200　　200円です

この式はどういう意味かな

80×5 は 5mの代金を求めていて，2.5m はその半分の長さだから ÷2 をしています

図でも説明できるかな？

　式で表現された計算の仕方を，言葉や図で説明する活動を展開する。

3 80×10÷4＝200　　でもできます

面白いね。これはどういう意味かな。隣の人と相談してみよう

80×10 は 10mの代金を求めています。2.5m は 10mの $\frac{1}{4}$ の長さだから ÷4 をしていると思います

　子どもから80×10÷4 が出てこなかったら，こちらから提示して意味を考えさせる手もある。

1 整数と小数

2 体積（直方体・立方体）

3 変わり方

4 小数のかけ算

5 小数のわり算

6 合同な図形

7 図形の角

8 整数の性質

9 分数と小数、整数の関係

本時の評価

・80×2.5 の計算の仕方について，5 m，10m，25m といった整数値の長さの代金に着目して求めることができる。

・80×2.5 の計算の仕方について，かける数をいったん整数に直すことに着目して考えることができる。

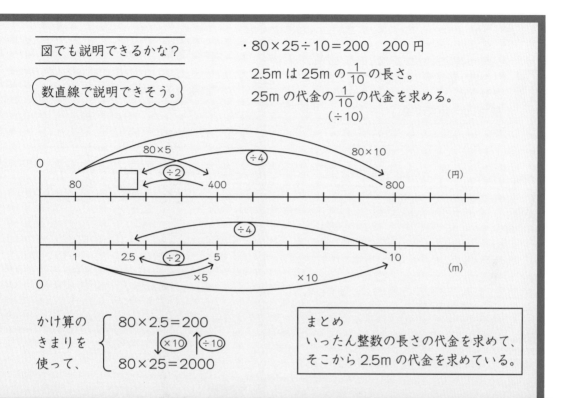

図でも説明できるかな？

数直線で説明できそう。

・80×25÷10＝200　200 円

2.5m は 25m の $\frac{1}{10}$ の長さ。

25m の代金の $\frac{1}{10}$ の代金を求める。
（÷10）

かけ算の
きまりを
使って，

$80×2.5＝200$
$↓×10$　$↑÷10$
$80×25＝2000$

まとめ
いったん整数の長さの代金を求めて、
そこから 2.5m の代金を求めている。

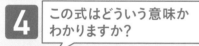 **4** この式はどういう意味か
わかりますか？

 80×25÷10＝200
隣の人と相談してみよう

25mの代金を求めて，
2.5mは 25mの $\frac{1}{10}$ だから
÷10をしています

　整数に着目する最終的な形として，かける数を10倍して整数にして計算し，あとから積を10でわるというかけ算の性質を用いた方法にたどりつきたい。

まとめ

　×2.5の場合は，5 mや10m，25m といった整数に着目して計算することがポイントになる。授業の最後には，「これらの計算は，まとめるとどんな考えで計算していると言えますか？」と発問し，一旦整数の長さの代金を求めてから2.5m の代金を求めている，と統合しておくことが大切である。

　計算の仕方は上記のようなプロセスを経てから指導する。

本時案

小数 × 小数の計算 I

本時の目標

・小数 × 小数の計算の仕方を考え，筆算をすることができる。

授業の流れ

1　1 m の重さが1.9kgのパイプがあります。このパイプ4.2m の重さは何kgですか?

どんな式になるかノートに書いてみよう。また，その式になる理由も書いてみよう

1.9×4.2 です

この式になる理由を隣の人に説明してみましょう

4.2mは，1 mの 4.2 倍だから，重さも 4.2 倍になるので，1.9×4.2になります

　立式については，1 時間目に学習したことの復習として，全員が説明できるようにしたい。

○月□日（△）

1m の重さが 1.9kg のパイプがあります。このパイプ 4.2m の重さは何 kg ですか？

（式）1.9×4.2　どうしてこの式になるの？

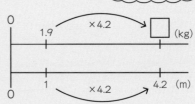

4.2m は、1m の 4.2 倍だから重さも 4.2 倍になるので 1.9×4.2 になる。

2　1.9×4.2を筆算でもやってみよう

小数のたし算のときのように，位をそろえて書いてみよう

小数のたし算の計算と同じように計算して，小数点をおろせばいいのかな

答えは79.8だ！

　小数のたし算の筆算から類推的に考えている。この答えが間違っていることを理解し，乗り越えさせることが大切である。

3　待って！1.9を 2 ，4.2を 4 と見て計算すると 2×4＝8 だから，79.8になるわけないよ

筆算では，19×42 をして 798 になったよね。これは，本当の答えの何倍なのかな？

そうか。1.9 を 10 倍，4.2 も 10 倍にしたから，100 倍になっていると思います

本時の評価
・1.9×4.2の計算の仕方を説明し，筆算で計算することができる。
・1.9×4.2の計算の仕方をかけ算の性質を活用して考え，筆算をすることができる。

1.9×4.2を筆算で
やってみよう。

$$
\begin{array}{r}
1.9 \\
\times\ 4.2 \\
\hline
3\,{}^1 8 \\
7\,{}^3 6 \\
\hline
7\,9.8 \\
\end{array}
$$

位をそろえて
書いてみた。

小数のたし算と
同じように
小数点をおろせば
いいのかな。

1.9を2、4.2を4と見ると、
2×4=8　79.8に
なるわけないよ。

小数点の位置は
どこにすればいいのかな？

$$
\begin{array}{r}
1.9. \\
\times\ 4.2. \\
\hline
3\,{}^1 8 \\
7\,{}^3 6 \\
\hline
7.9.8 \\
\end{array}
$$

（×10）（×10）（×100）

100倍したから
積は$\frac{1}{100}$にする。

式を何倍したかによって、
何分の1にするかが決まる。

4 そうか。$\frac{1}{100}$にするんだ！

$\frac{1}{100}$にすると言っている人がいる
けど，それはどういう意味かな？
隣の人と話し合ってみましょう

1.9×4.2の1.9と4.2を10倍ずつしたか
ら，答えが100倍になります。だから，
本当の答えにするために100で割ると
いうことだと思います

　小数のかけ算の性質をもとに，筆算の仕方を
考えるように授業を展開する。

> **まとめ**
>
> 　小数×小数の筆算をするときには，
> 小数点の打ち方の意味を考えさせるこ
> とが大切である。
> 　1.9×4.2のような計算の場合，小数点
> の位置がそろっているので，小数のた
> し算の筆算のようにそのまま小数点を
> おろす間違いがおきやすい。その間違
> いについて考え，正しい筆算の仕方を
> 考えることが重要である。

1　整数と小数

2　体積（直方体・立方体）

3　変わり方

4　小数のかけ算

5　小数のわり算

6　合同な図形

7　図形の角

8　整数の性質

9　分数と小数、整数の関係

第4時
065

本時案

小数 × 小数の計算Ⅱ

5/8

本時の目標

・かけられる数やかける数が 1/100 の位までの小数のかけ算の計算の仕方を考え，小数のかけ算の筆算の仕方をまとめる。

授業の流れ

1 この封筒にはいくつかの筆算が入っています。（中から1枚引いて）この筆算は正しいでしょうか？

間違っています。小数点がありません

では，どこに小数点を打てばいいのかな

8.94×2.7の途中までの筆算の様子を見せて，どこに小数点を打てばよいかを考えるところからスタートさせた。

筆算の式の書き方については，なぜ位をそろえないのかという疑問を持つ子どもがいた場合には取り上げる。結局，整数×整数の筆算と同じ処理をするからということを理解させたい。

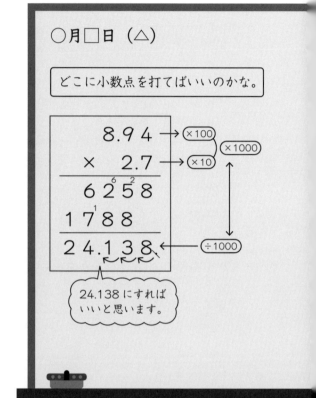

○月□日（△）

どこに小数点を打てばいいのかな。

```
      8.94  → ×100  ┐
    ×  2.7  → ×10   ├ ×1000
      6258           │
     1788            │
     24.138  ← ÷1000 ┘
```

24.138 にすればいいと思います。

2 どこに小数点を打てばいいかな？

24.138 にすればいいと思います

8.94 は小数点以下が 2 桁。2.7 は小数点以下が 1 桁です。2＋1＝3 だから，答えは，小数点を 3 つずらして打てばいいと思います

結論のみであったり，形式的なパターンであったりする場合は，なぜそうなるのかを問うようにする。

3 どうして24.138なのかな？

8.94 を 100 倍して 894，2.7 を 10 倍して 27 にして計算しています。その答えは，本当の答えの 1000 倍なので，最後に ÷1000 をして 24.138 になります

1000 で割るということは，小数点の位置を 3 つずらすということです

1 整数と小数

2 体積（直方体・立方体）

3 変わり方

4 小数のかけ算

5 小数のわり算

6 合同な図形

7 図形の角

8 整数の性質

9 分数と小数、整数の関係

本時の評価

・かけられる数やかける数が $\frac{1}{100}$ の位までの小数のかけ算の計算の仕方を考え，筆算をすることができる。

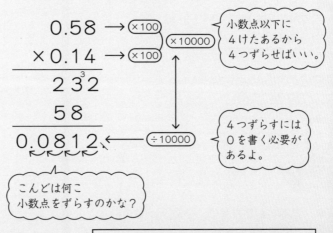

どうして 24.138 に
なるのかな？

8.94 を 100 倍、
2.7 を 10 倍にして
894×27 にする。
894×27＝24138。
積は、本当の答えの
1000 倍だから
$\frac{1}{1000}$ にする。
小数点を左に 3 つ
ずらすので、24.138。

こんどは何こ
小数点をずらすのかな？

0.58×0.14 はどこに
小数点をつければいいの？

0.58 → ×100
×0.14 → ×100
232
58
0.0812

小数点以下に
4けたあるから
4つずらせばいい。

4つずらすには
0を書く必要が
あるよ。

式の小数部分のけた数の合計と積の
小数部分のけた数を同じにする。

4 では，封筒からもう 1 枚筆算を
引くよ。（カードを 1 枚取り出す）

0.58×0.14 だ

この筆算の場合，どこに小数
点をつけたらいいのかな？

この式を 58×14 にするには，10000 倍す
るから，答えは小数点を 4 つずらします

　封筒から筆算を取りだすという同じ文脈の中
で，新しい課題を登場させる。

まとめ

　小数 × 小数の筆算は最終的に次のよ
うにまとめられる。
①小数点がないものとして，整数のか
　け算として計算する。
②積の小数部分のけた数が，かけられ
　る数とかける数の小数部分のけた数
　の和になるように，小数点を打つ。
　ただし，意味を理解した上で，この
形式を使うようにすることが重要であ
る。

本時案

この式を使って
答えを導こう

本時の目標

・積の小数点は，積の小数部分の桁数が，かけられる数とかける数の小数部分の桁数の和になるように打つことに習熟する。

授業の流れ

1 （黒板に式が書いてあるカードを裏にして貼る。）これらのカードから1枚ずつ引いて計算してもらいます

最初の1枚だけは先生が引きますね（カードを1枚表にする）

914×83 だ

では、計算してみよう

914×83＝75862

　整数×整数の計算を基に，小数×小数の計算を考える問題である。

　残りのカードには，例えば91.4×8.3といった数字は同じでかけられる数やかける数が小数になった計算が現れる。かけ算の性質を用いて考える問題である。

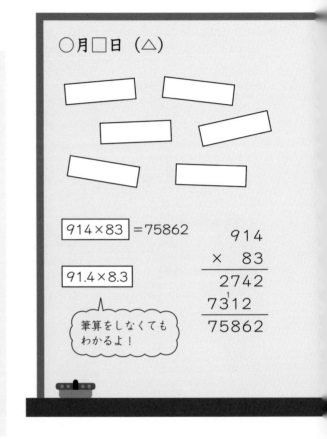

○月□日（△）

914×83 ＝75862

91.4×8.3

筆算をしなくてもわかるよ！

```
    914
×    83
   2742
   7312
  75862
```

2 次に引いてみたい人いますか？

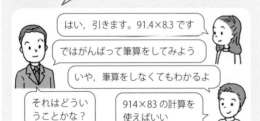

はい，引きます。91.4×8.3です

ではがんばって筆算をしてみよう

いや，筆算をしなくてもわかるよ

それはどういうことかな？

914×83 の計算を使えばいい

　筆算をしなくても914×83＝75862を使えばいいことに気づかせることが大切。

3 914×83をどう使えばいいのかな？

91.4 の 10 倍が 914，8.3 の 10 倍が 83 だから，914×83 は 91.4×8.3 の100 倍です。だから 75862 を…

この続きになんと言うと思いますか。隣の人と考えてみよう

75862 の $\frac{1}{100}$ が答えなので，小数点を 2 つずらして 758.62 になります

1 整数と小数

2 体積（直方体・立方体）

3 変わり方

4 小数のかけ算

5 小数のわり算

6 合同な図形

7 図形の角

8 整数の性質

9 分数と小数、整数の関係

本時の評価

・914×83=75862を活かして，小数×小数の計算を考え，なぜそうなるのかを説明することができる。

・914×83=75862の計算結果を活かして，小数×小数の積を考え，なぜそうなるのかを説明することができる。

準備物

・914×83，91.4×8.3，9.14×83，914×0.83，0.914×0.83，といった計算カード（提示用）

カードをえらんで計算しよう！

どうして筆算をしなくてもわかるの？

914×83 の計算を使えばいい。

$$9\,1.4 \to \boxed{\times 10}$$
$$\times\quad 8.3 \to \boxed{\times 10}\ \boxed{\times 100}$$
$$\overline{7\,5\,8.6\,2} \leftarrow \boxed{\div 100}$$

914×83=75862
だから

9.14×0.83

914×83 にするには10000 倍する。
だから
914×83 = 75862 を÷10000 にする。

$$9.1\,4 \to \boxed{\times 100}$$
$$\times\,0.8\,3 \to \boxed{\times 100}\ \boxed{\times 10000}$$
$$\overline{7.5\,8\,6\,2} \leftarrow \boxed{\div 10000}$$

9.14×8.3
↓
小数部分のけた数が
合計3けただから，
3つずらせばいい

75.862

〈たしかめ〉

$$9.1\,4 \to \boxed{\times 100}$$
$$\times\quad 8.3 \to \boxed{\times 10}\ \boxed{\times 1000}$$
$$\overline{7\,5.8\,6\,2} \leftarrow \boxed{\div 1000}$$

---

4 （次のカードを引いて）9.14×0.83だよ！

9.14 の 100 倍が 914，0.83 の 100 倍が 83 だから，914×83 は 9.14×0.83 の 10000 倍になります

だから，75862の $\frac{1}{10000}$ が答えなので，小数点を 4 つずらして 7.5862 が答えです

積を考えるときには，9×1＝9 と概算して，答えの見通しをつけておくようにする。

まとめ

　小数×小数の計算の習熟は，多くの計算を繰り返しするだけでなく，小数点の打ち方にしぼって考えさせるなど，工夫することが大切である。

　積の小数点は，積の小数部分の桁数が，かけられる数とかける数の小数部分の桁数の和になるように打つということの習熟を図りたい。

本時案

積の大きさ

 7/8

本時の目標
・かける数と積の大きさの関係を理解すること
　ができる。

授業の流れ

 1 「1mの重さが0.8kgの パイプがあります」

> 同じ種類で長さが違うパイプがあります
> 0.8kgより軽いパイプはどれでしょうか

> 計算してみていいですか

> 計算しなくてもわかるよ

> どうして計算しなくても
> わかるのかな

　問題場面から1mより短いパイプは，0.8kgより軽くなることがわかる。

　ところが，次のように式にしてみると意外に判断しにくい。

0.8×1.4，0.8×0.9，0.8×0.08，0.8×3.7

　式にしたときにどうやって判断するかを考えさせることが大切である。

〇月□日 （△）

> 1mの重さが0.8kgのパイプが
> あります。同じ種類で長さが
> ちがうパイプが4つあります。
> 次の式は、それぞれのパイプの
> 重さを求める式です。
> 0.8kgより軽いパイプはどれですか。

① 0.8×1.4 　② 0.8×0.9

③ 0.8×0.08 　④ 0.8×3.7

> 計算しなくても
> わかるよ。

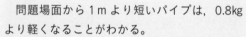 **2** 「1mより短いパイプは0.8kg より短くなると思います」

> では確かめてみましょう

$0.8×1.4=1.12$

$0.8×0.9=0.72$

$0.8×0.08=0.064$

$0.8×3.7=2.96$

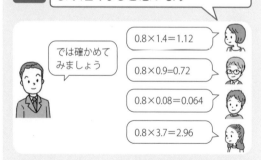

　式や図に表すことで，積がかけられる数より小さくなるときのかける数の特徴を理解できるようにする。

---

 3 「確かに0.9mと0.08mのパイプ が0.8kgより軽くなりました」

> 式のかける数がどんな数の
> ときに0.8より小さくなる
> ということかな？

> かける数が1より小さい
> ときに，0.8より小さく
> なると思います

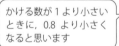

　問題場面に基づいた考察から，小数のかけ算の式の見方（乗数と積の関係）に発展させていくようにする。

積の大きさ
070

1	整数と小数
2	体積（直方体・立方体）
3	変わり方
4	小数のかけ算
5	小数のわり算
6	合同な図形
7	図形の角
8	整数の性質
9	分数と小数、整数の関係

本時の評価

・かける数が1より小さいときには，積がかけられる数より小さくなることを判断することができる。
・かける数が1より小さいときには，積がかけられる数より小さくなることを判断することができる。

準備物

・適用題用の計算カード（提示用）

どうして計算しなくてもわかるのかな？

・かける数が1より小さいと、積はかけられる数より小さくなるから。
②と③

・たとえば長さが1.4mだと長さが1.4倍だから0.8×1.4になる。
ということは、
② 0.9m、③ 0.08m、④ 3.7m
1mより短いパイプは、必ず0.8kgより軽くなる。
だから②と③

積がかけられる数より小さい式に手をあげよう

○ 9.7×0.9　　○ 0.3×0.04
× 45×1.02　　○ 0.85×0.7
△ 0.98×1　　（同じ）

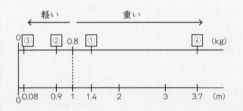

---

4 積がかけられる数より小さい式に手をあげよう！

（9.7×0.9）　はい！
（0.3×0.04）　はい！
（45×1.02）　違います
（0.85×0.7）　はい！
（0.98×1）　あれっ？同じ？

カードをさっと出して，瞬時に判断させることで，かける数が1より小さいかどうかで判断できるようにする。

まとめ

整数のかけ算では，積はかけられる数より大きくなることしかなかった。

小数のかけ算では，かける数が1より小さい場面では，積がかけられる数より小さくなることを理解させることが大切である。

学習後は，積の大きさを見積もる方法の1つとして活用できるようにする。

本時案

面積や体積に
用いる小数のかけ算

$\dfrac{8}{8}$

本時の目標

・辺の長さが小数でも面積や体積の公式が適用
　できることを理解する。

授業の流れ

1 次のような立方体の箱があります

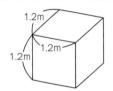

1.2m
1.2m
1.2m

1面に色画用紙を貼ります。
何 m² 分の色画用紙が必要ですか

$1.2 \times 1.2 = 1.44$
$1.44 m^2$

辺の長さが小数でも面積
は出せるのかな？ 1.44m²
で本当に正しいのかな

cm の単位で計算してみた
ら確かめられると思います

○月□日（△）

立方体の箱があります。
1 面に色画用紙をはります。
何 m² 分の色画用紙が必要ですか。

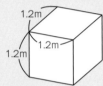

1.2m
1.2m
1.2m

（式）
$1.2 \times 1.2 = 1.44$
$\underline{1.44 \ m^2}$

辺の長さが
小数でも面積は
出せるの？

どうやって
たしかめれば
いいのかな？

---

2 $120 \times 120 = 14400$　$14400 cm^2$
ということは合っているのかな？

1 m²は何cm²かな？

$100 \times 100 = 10000$
$10000 cm^2$ です

ということは，$14400 cm^2$ は
$1.44 m^2$ ということだよね

　$14400 cm^2 = 1.44 m^2$ であることを，図にも表
して理解し，辺の長さが小数でも公式が使える
ことを理解する。

---

3 この箱の体積は何 m³ でしょう
か？

辺の長さが小数で
も体積の公式が使
えるのかな？

$1.2 \times 1.2 \times 1.2 = 1.728$
$1.728 m^3$ です

それじゃあ，また cm の
単位で計算して調べて
みたらいいと思います

　より小さな単位に着目して長さを整数化して
計算し，正しいかどうか確かめてみることが必
要である。

---

1 整数と小数

2 体積（直方体・立方体）

3 変わり方

4 小数のかけ算

5 小数のわり算

6 合同な図形

7 図形の角

8 整数の性質

9 分数と小数、整数の関係

・面積や体積を求めるのに，小数を用いて求めることができることを，下位単位を用いて整数化して調べることができる。
・面積や体積を求めるのに，小数を用いて求めることができることを，下位単位を用いて整数化して調べることができる。

・問題提示に使う立方体の図（提示用）

辺の長さが小数でも
面積は出せるの？

この箱の体積は
何 m³ かな？

1.2×1.2×1.2＝1.728

1.728m³

辺の長さが小数
でも体積は
求められるの？

本当に 1.44 m² かな？

・cm の単位で計算して
調べてみよう。

120×120＝14400cm²

1m²＝10000cm² だから

14400cm²＝1.44m²

体積も cm の単位で調べる。

120×120×120＝1728000

1m³＝100×100×100＝1000000（cm³）

ということは 1.728m³

まとめ
辺の長さが小数の場合でも
面積や体積の公式を使うことができる。

---

4 120×120×120＝1728000

本当に，1.728m³ と言えるのかな。辺の長さが小数でも体積の公式が使えるのかな？

1 m³ は，100×100×100＝1000000cm³

今日学んだことは何ですか

ということは，1.728m³ ということです

辺の長さが小数でも面積や体積の公式を使って計算できることが分かりました

まとめ

辺の長さが小数の場合も面積や体積の公式を適用することができることを理解する授業である。

一例だけでは納得できない子どももいると思われるので，長方形の面積や直方体の体積でも調べてみようという態度を引き出し，確認するとよい。

5 小数のわり算　（13時間扱い）

単元の目標

単元の目標

- 整数の場合をもとにして，わる数が小数である場合のわり算の意味について理解をすることができ，数直線や図などを活用して演算決定をすることができる。
- 既習の計算の仕方や計算のきまり，わり算の意味を活用して，小数のわり算の計算の仕方を考え，計算をすることができる。
- 小数のかけ算やわり算を用いる倍の問題を解決することができる。

評価規準

知識・技能	①わる数が小数である場合の小数のわり算の意味について理解することができる。 ②小数のわり算の計算をすることができ，余りの大きさについて理解することができる。 ③小数のわり算についても整数の場合と同じ関係や法則が成り立つことを理解することができる。
思考・判断・表現	④わり算の意味に着目し，わる数が小数である場合まで数の範囲を広げてわり算の意味を捉え直し，小数のわり算の計算の仕方を考えることができる。
主体的に学習に取り組む態度	⑤整数の場合の計算の意味や計算の仕方を活用して，新しい計算の仕方をつくり，学習したことを生活や学習に活用しようとする。

指導計画　全13時間

次	時	主な学習活動
第1次 小数のわり算の意味と計算の仕方	1	整数÷小数の問題について，÷小数になる意味や計算の仕方を考える。
	2	小数÷小数の問題について，その式になる理由と計算の仕方について考える。
	3	$3.45÷1.5$のようなわられる数が$\frac{1}{100}$の位までの小数のわり算の計算の仕方を考える。
	4	$0.8÷1.25$のようにわられる数の小数点以下の桁数がわる数より少ないとき，わられる数の小数点を動かすときに0をつけることがあることを理解する。
第2次 商の見方と余りの処理	5	わる数が1より小さい場合は，商はわられる数より大きくなることを理解する。
	6	小数のわり算でわり切れない場合には，概数として処理することができることを理解する。
	7	あまりが出る小数のわり算のあまりの処理の仕方について理解する。

次	時	主な学習活動
第3次 倍とかけ算，わり算	8	小数のわり算の商が倍を表すことがあることを理解する。
	9	2量の倍関係は，どちらをもとにするかで変わることを理解する。
	10	数値が小数であっても，倍を求めるときは，わり算を用いることを理解する。
	11	もとにする数量の○倍をヒントに，もう一方の数量をかけ算を用いて求めることができる。
	12	ある数量を○倍した数量があったとき，○倍の数値と○倍した数量を用いて，もとの数量を求めることができる。
	13	商品を値下げしている様子を見て，どちらがより安くなったかを，倍の考えを用いて比べることができる。

単元の基礎・基本と見方・考え方

わり算の意味は，小数のかけ算の逆として，割合を求める場合と，基準にする大きさを求める場合とがある。B を「基準にする大きさ」，p を「割合」，A を「割合に当たる大きさ」とすると，次のような2つの場合がそれにあたる。

① $p = A \div B$

これは，A は B の何倍であるかを求める考えであり，わり算の意味としては，p が整数の場合には，既習の包含除の考えといえる。例えば「2 L のジュースを0.4 L ずつコップに分けると何杯とれるか」や「2 L のジュースは0.4 L のジュースの何倍の量になるか」という場合である。式は 2÷0.4 になる。

② $B = A \div p$

これは，基準にする大きさを求める考えであり，わり算の意味としては，p が整数の場合には，いわゆる等分除の考えにあたる。例えば「1.5 L のジュースが300円である。1 L ではいくらになるか」といった場合である。式は300÷1.5になる。

これらの式は，B や p が小数の場合にもそのまま当てはまると考えていく。このとき，多くの子どもは，①より②の方が捉えにくい。p が整数の場合は，p 等分した1つ分の大きさを求めるという見方で捉えることができたが，p が小数の場合は，見方を一般化して，1に当たる大きさ（基準にする大きさ）を求めるという説明で捉えるようにする。

公式や言葉の式だけでなく，数直線や図などを使って具体的な場面の中で理解させることが大切である。また，はじめに小数のかけ算の式に表してから小数のわり算で求めるという考えをすることも必要である。

1 整数と小数

2 体積（直方体・立方体）

3 変わり方

4 小数のかけ算

5 小数のわり算

6 合同な図形

7 図形の角

8 整数の性質

9 分数と小数，整数の関係

本時案　授業DVD

計算の仕方を考えよう

本時の目標
・整数÷小数の問題について，式や計算の仕方を考えることができる。

授業の流れ

 1 この問題の式を考えるには，どうすればいいかな？

> 1.2mで72円のリボンがあります。1mの代金はいくらですか。

> 小数のかけ算のときと同じように数直線の図に表してみるといいと思います

　数直線の図は，文章題の文脈に沿って子どもと一緒に書くようにする。
　「1.2m で72円のリボンがあります。」を数直線上に書いてみせて，「1mの代金はいくらですか」を子どもに書かせる。このようなやり方がある。

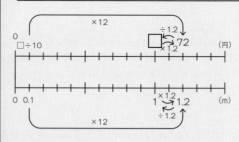

○月□日（△）

> 1.2mで72円のリボンがあります。1mの代金はいくらですか。

□×1.2＝72
72÷1.2＝□　　　（式）72÷1.2

> かけ算の逆算だからわり算

 2 1mの代金を□円として式に表してみよう

> □×1.2＝72
> ということは，□は 72÷1.2 で求められます

> 図に矢印を入れながら説明できるかな

　小数のわり算の立式は，既習の小数のかけ算を生かして行う方法がある。子どもの様子を見ながら丁寧に指導する。

 3 72÷1.2を計算の仕方を考えよう

> 1.2 を 10 倍して 72÷12＝6，6 を $\frac{1}{10}$ にして 0.6 が答えです

> 1mの代金が 0.6 円はありえないよ

> 小数のかけ算のときには式の数を 10 倍して答えを $\frac{1}{10}$ にしたのに

　上記のような誤答は，小数のかけ算の計算の仕方から類推したものであり，その考え方自体は認めてあげたい。なぜ違うのか，どうすればよいのかを数直線の図をもとに考えさせる。

1	整数と小数
2	体積（直方体・立方体）
3	変わり方
4	小数のかけ算
5	小数のわり算
6	合同な図形
7	図形の角
8	整数の性質
9	分数と小数、整数の関係

本時の評価

・小数のかけ算の逆算としてわり算の立式をすることができる。
・小数のわり算の計算の仕方を，問題場面の意味やわり算のきまりを活用して考えることができる。

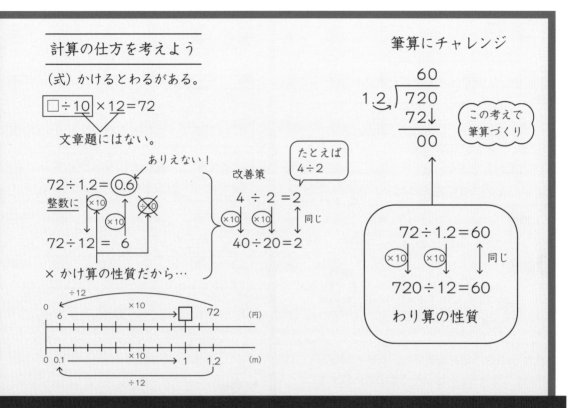

4 72÷12は，0.1mの代金だから，1mの代金を求めるには，答えを10倍にします。だから，答えは60円です

意味を考えるとそうなるね

わられる数とわる数の両方を10倍して720÷12＝60，そのまま答えを60円とできます

わり算の性質を用いた計算の仕方も扱い，筆算につなげることが大切である。

まとめ

　小数のわり算の導入では，演算決定と計算の仕方を考えさせることが重要な内容になる。
　演算決定は，小数のかけ算を生かして行い，計算の仕方はわり算の性質を生かすことが大切である。
　計算の仕方では，小数のかけ算から類推した間違いが起こりやすい。問題場面の意味を考えて，乗り越えさせることが大切である。

本時案

小数 ÷ 小数の問題解決

本時の目標

・小数 ÷ 小数を用いる問題について，正しく立式し，計算の仕方を考えることができる

授業の流れ

1 この問題はどんな式になるかな？

> 3.5m の重さが 4.2kg の
> パイプがあります。
> このパイプ 1m の重さは何 kg ですか。

数直線の図に書いてみよう

1m の重さを □kg にして，まずはかけ算の式にしてみよう

小数 ÷ 小数の問題場面でも，前時の問題と似ていることから，同じように数直線の図で考えたり，□を使った式で考えたりする姿が自然である。

○月□日（△）

> 3.5m の重さが 4.2kg の
> パイプがあります。
> このパイプ 1m の重さは何 kg ですか。

> 式を立てて、その式になる理由を
> 図を使って説明してみよう。

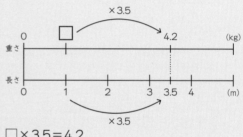

□×3.5＝4.2
（式）4.2÷3.5＝□

---

2 4.2÷3.5の計算の仕方を考えよう

わる数を 10 倍して 4.2÷35＝0.12，答えは 10 倍するから 1.2kg が答えです

わられる数もわる数も 10 倍して，42÷35＝1.2，答はそのまま 1.2kg です

3 わられる数もわる数も10倍する考え方を使って筆算をしてみましょう

4.2÷3.5 を 42÷35 にするから，4 年生の時に習ったわり算の筆算と同じです

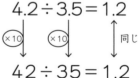

4.2 ÷ 3.5 ＝ 1.2

（×10） （×10）　　同じ

42 ÷ 35 ＝ 1.2

---

1 整数と小数

2 体積（直方体・立方体）

3 変わり方

4 小数のかけ算

5 小数のわり算

6 合同な図形

7 図形の角

8 整数の性質

9 分数と小数、整数の関係

本時の評価

・小数÷小数の立式の根拠と計算の仕方を考え，説明することができる。

<u>計算の仕方を考えよう</u>

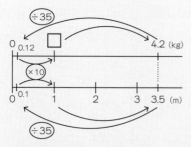

$$4.2 \div 3.5 = 1.2$$

（×10）（×10）

$$4.2 \div 35 = 0.12$$

0.12kg は 0.1m の重さ。
だから 10 倍して 1 m の重さを求める。

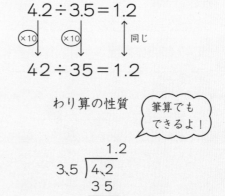

$$4.2 \div 3.5 = 1.2$$

（×10）（×10）　同じ

$$42 \div 35 = 1.2$$

わり算の性質　筆算でもできるよ！

```
        1.2
3,5 )4,2
     3 5
      70
      70
       0
```

> 直方体や立方体の体積の求め方を考える基本は，面積と同じように 1 cm³ の積み木（単位）がいくつあるかである。

4 計算の仕方をどのように考えたらよかったですか？

わり算の場合は，わる数を 10 倍したら，答えは 10 倍します

わられる数とわる数の両方を 10 倍した式で計算した答えは，そのままもとの式の答えになります

　計算の仕方を振り返り整理することが大切である。

まとめ

　小数÷小数の計算は，整数÷小数の立式や計算の仕方から類推することが大切である。

　数直線の図を用いた考え方や□を使った式を用いた考え方，わり算の性質についての考え方など，丁寧に説明させながら共通理解を図っていく。

本時案

小数のわり算の筆算I

・小数÷小数の計算の仕方を考えることができる。

授業の流れ

1 3.45÷1.5の計算しよう

筆算でどうやって計算するのかな

わる数を整数にすればいいと思います

わられる数もわる数も整数にします

　今まで整数÷小数（$\frac{1}{10}$の位），小数（$\frac{1}{10}$の位）÷小数（$\frac{1}{10}$の位）の計算をしてきている。本時は，小数（$\frac{1}{100}$の位）÷小数（$\frac{1}{10}$の位），小数（$\frac{1}{1000}$の位）÷小数（$\frac{1}{100}$の位）の計算の仕方を考える。課題は，少しずつステップアップしている。

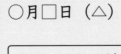
○月□日（△）

3.45÷1.5 の計算をしよう。

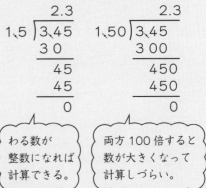

わる数が整数になれば計算できる。

両方100倍すると数が大きくなって計算しづらい。

最初の計算

34÷15 ⟷ 345÷150

こちらの方がかんたん。

2 わる数を整数にして，34.5÷15で筆算をします。答えは2.3です

わられる数とわる数の両方を100倍すると345÷150になります。答えは2.3です

わる数が150になると，数が大きいので計算が大変です

　両方の筆算について，最初の計算が34÷15と345÷150になる点などから比較検討する。

3 0.63÷1.8の計算は，3.45÷1.5と何が違うのかな。やってみよう

商の一の位に0がきます

答えが0.35になります

　小数第一位から商が立つ場合は，一の位の0と小数点を書くこと確認する。

1 整数と小数

2 体積（直方体・立方体）

3 変わり方

4 小数のかけ算

5 小数のわり算

6 合同な図形

7 図形の角

8 整数の性質

9 分数と小数、整数の関係

本時の評価

・わられる数が $\frac{1}{100}$ の位または $\frac{1}{1000}$ の位までの小数÷小数の計算の仕方について，わる数を整数にするなどして考え，説明することができる。

0.63÷1.8の計算をしよう。

小数第3位まである！

3.585÷2.39の計算をしよう。

3.45÷1.5と何がちがうかな？

何倍にするのかな？

```
          1.5
  2,39 ) 3,58,5
  ×100   239   ×100
         1195
         1195
            0
```

```
         0.35
  1,80 ) 0,6.3
          54
          90
          90
           0
```

商の一の位に0を書くところ。

①わる数が整数になるように小数点をずらす。
②わられる数の小数点も①と同じ数だけずらす。
③商の小数点はわられる数の動かした小数点にそろえてうつ。

---

4 3.585÷2.39の計算はどうでしょうか。これは難しいでしょう

小数第3位まである。わる数は小数第2位だよ

100倍すればわる数は整数になるね

桁数が増えてもやり方は同じだね

桁数が増えても，小数のわり算の筆算の仕方は，基本的に同じであることを子どもに説明させる。

まとめ

　小数のわり算の筆算の仕方を考えることがねらいである。わられる数とわる数の桁数が異なる場合でも，わる数が整数になるように処理して筆算を行う。

　本時は数値や桁数が異なる3個の計算を行いながら，小数のわり算の筆算の仕方についてまとめていく。

本時案

小数のわり算の筆算 II

4/13

本時の目標

・わられる数の小数点以下の桁数がわる数より少ないときは，わられる数の小数点を動かす時に 0 をつけることがあることを理解することができる。

授業の流れ

1 封筒の中に計算の式が入っています。引いてみますよ。7.8÷3.25です

今までと同じように筆算すればいいと思います

わる数を整数にすればいいよね

子どもたちは，今までの授業で，わり算の性質を使ってわる数を整数にして筆算をすることを学んでいる。

本時の計算も同じように考えて筆算をしようとするだろう。そこで，今までとの筆算の違いに気づかせる。

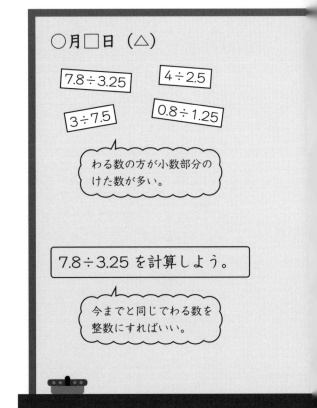

○月□日（△）

7.8÷3.25　　　4÷2.5

3÷7.5　　　0.8÷1.25

わる数の方が小数部分のけた数が多い。

7.8÷3.25 を計算しよう。

今までと同じでわる数を整数にすればいい。

2 3.25を整数にするためには100倍します

わられる数の7.8を100倍するから小数点を2つ動かします。あれっ，これはいくつになるのかな

7.8の100倍だから，780になります。0をつけないといけません

3 では，次の式は誰かに引いてもらいます

0.8÷1.25 だ！やってみよう

わる数を整数にするために100倍します。わられる数の小数点を2つ動かすので，0.8は80。0を忘れずにつけます

1 整数と小数

2 体積（直方体・立方体）

3 変わり方

4 小数のかけ算

5 小数のわり算

6 合同な図形

7 図形の角

8 整数の性質

9 整数と小数、分数の関係

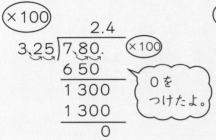
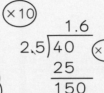
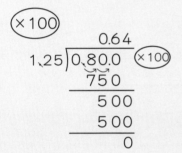

わられる数の小数点以下のけた数がわる数より小さいときは
わられる数の小数点を動かすときに、
0をつけることがある。
7.8→780
4→40

4 （計算カードを引いて）次は，4÷2.5です

この式はわられる数とわる数を10倍にします

40÷25になります。そうか，今日はわる数を整数にしたときに，わられる数に0をつける計算だ

計算をしていくうちに，本時に扱っている計算の特徴や今までの筆算との違いに気づかせ，説明してもらう。

まとめ

本単元では，小数のわり算の筆算について，様々なパターンを学んでいく。
本時は，わられる数よりわる数の小数部分の桁数が多い場合の筆算である。
わる数を整数にして筆算をするので，わられる数は小数のままであったり，本時の計算のように末尾に0をつけていくことがあったりする。
スモールステップで着実に技能の習熟を図っていくことが大切である。

本時案

わる数と商との関係

本時の目標

・わる数が 1 より小さい場合は，商はわられる数より大きくなることを理解することができる。

授業の流れ

1 商がわられる数より大きくなる式を引いたら当たりです！

今までの小数÷小数の計算を振り返っても，1 より小さい小数でわった経験はほとんどない。子どもたちはイメージをすることができないので，問いが生まれる。

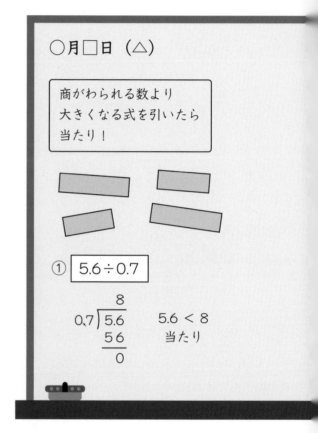

○月□日（△）

商がわられる数より大きくなる式を引いたら当たり！

① 5.6÷0.7

```
        8
0.7 ) 5.6
      5 6
        0
```

5.6 < 8
当たり

2 裏返しにしてある計算カードから 1 枚引いてみよう

3 （次の計算カードを引いて）3.136÷0.64です

いくつかの計算をしていくうちに，計算の数値がどんな数値であったら商がわられる数より大きくなるかに気づかせるようにする。

本時の評価

準備物

1 整数と小数

2 体積（直方体・立方体）

3 変わり方

4 小数のかけ算

5 小数のわり算

6 合同な図形

7 図形の角

8 整数の性質

9 分数と小数、整数の関係

・わる数が1より小さい場合は，商はわられる数より大きくなることを理解し，図を用いて説明をすることができる。

・計算カード

---

② $3.136 \div 0.64$

```
          4.9
  0.64 ) 3 .13.6
         2 56
          576
          576
            0
```

当たり！

$3.136 < 4.9$

③ $68 \div 2.5$

計算しなくてもわかる！

```
         27.2
  2.5 ) 680
         50
         180
         175
          50
          50
           0
```

$6.8 > 27.2$
はずれ！

どうして計算しなくてもわかるの？

わる数を見ればいい！

わる数が1より
小さいと、商はわられる数
より大きくなる。

図にすると…

0 ────5.6──→ □ (kg)
        ÷0.7
0 ──── 0.7 ─ 1 (m)
        ÷0.7

$5.6 \div 0.7$ の商は 5.6 より大きくなる。

---

4 次も引いてみたい。68÷2.5です

これは，はずれじゃないかな

計算していないのに，どうしてわかるの？

だってわる数が1より大きいからです

わる数が1の場合は，わられる数＝商，わる数が1より大きいと場合は，わられる数＞商，わる数が1より小さい場合は，わられる数＜商になることを帰納的に見いだしていくようにする。

まとめ

　本時は，いくつかの計算をしながら帰納的にわる数と商との関係に気づかせる展開である。

　他の方法として，わり算の意味にもどって考えることもできる。わり算は1の値を求める計算である。例えば5.6÷0.7は，0.7に対する値が5.7のとき，1に対する値を求める計算なので，商は5.6よりも必ず大きくなる。数直線にしてみるとそのことがよくわかる。

本時案

わり切れない
小数のわり算

本時の目標

・小数のわり算でわり切れない場合に，概数として処理することを理解することができる。

授業の流れ

1 1.8m で1.2kg. のロープがあります。1 m の重さは何kgですか。式はどうなるのかな?

数直線に書いたらわかりやすいです

1.2÷1.8 です

□×1.8＝1.2だから，1.2÷1.8になります

小数のわり算の既習を用いて立式を行い，その理由を説明することができるか，子ども達のわかり具合を確認する。

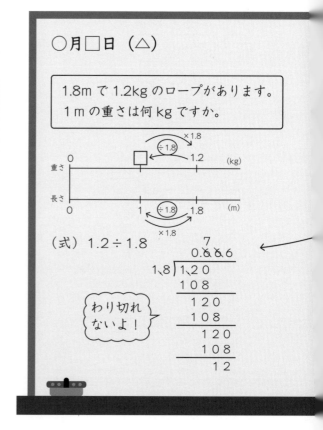

○月□日 （△）

1.8m で 1.2kg のロープがあります。1 m の重さは何 kg ですか。

（式） 1.2÷1.8

```
        7
      0.666
 1.8)1.20
      108
      120
      108
      120
      108
       12
```

わり切れないよ！

2 1.2÷1.8はわり切れないよ

本当だ。0.666…になる

1 m の重さは何 kg と表せばいいのかな

3 ずっと 6 を書き続けられないよ

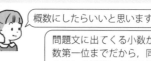

概数にしたらいいと思います

問題文に出てくる小数が小数第一位までだから，同じように小数第一までの概数にしたらいいと思います

概数にして表そうという発想を大切にする。問題文の数値と同じように小数部分を 1 桁にするとしたら小数第二位の数値を四捨五入するということを考えさせる。

1	整数と小数
2	体積（直方体・立方体）
3	変わり方
4	小数のかけ算
5	小数のわり算
6	合同な図形
7	図形の角
8	整数の性質
9	分数と小数、整数の関係

本時の評価

・小数のわり算でわり切れない場合に，概数として処理をして答えを導くことができる。
・商が小数の場合の上から2桁の概数の意味を知り，確実に処理をすることができる。

どうやって表そうか？

・ずっと6を書き続けても意味がない。小さすぎる。
・がい数にすればいい。
・四捨五入して小数第1位までにしてみよう。

答え　約0.7kg　つける。

0.666…
この場合の上から2けたのがい数は？

7
0.6̶6̶6̶　0は数えません。
↑1けた　↑2けた

2.7mのホースの重さをはかったら、3.4kgでした。
このホース1mの重さは約何kgですか。商は四捨五入して上から2けたのがい数で求めましょう。

（式）3.4÷2.7＝1.259…
答え　約1.3kg

上から2けたってどこかな？

0でない整数を上から数えます。

3
だから　1.2̶5̶9
↑上から1けた　↑2けた

---

4 もう1問やってみよう

上から2桁って，どこから数えるの？

3.4÷2.7＝1.259…　小数第一位までとしたら，5を四捨五入して約1.3kgです

でも，さっきの0.666…の場合だと，上から2桁の概数は，約0.67になります

ということは，0のけたは数えないの？

小数の場合の上から○桁の概数の意味は，考えさせることではないので，子どもに丁寧に教えるようにする。

まとめ

小数のわり算で，わり切れないときの商の処理の1つとして，概数として表すことを理解する授業である。そのことを最初から教えるのではなく，既習をもとに発想させることが大切である。
「上から2桁の概数」という場合は，どのように処理するかを教え，確実に処理できるように技能を身に付けさせるようにする。

本時案

あまりのある
小数のわり算

授業の流れ

1 1.9m のテープを0.3m ずつ切っていきます。0.3m のテープは何本できて何 m あまりますか

1.9÷0.3＝6 あまり 1 ですね

ちょっと待って！あまりが1mはおかしいです

　本時は，あまりの処理の誤答を，教師から提案する形を取っている。
　子ども達の実態に応じて，子どもの誤答が多い場合にはそれを取り上げて授業を展開する方法もある。

○月□日（△）

1.9m のテープを 0.3m ずつ切っていきます。
0.3m のテープは何本できて、何 m あまるでしょうか。

（式）1.9÷0.3＝6 あまり 1

$$0.3\overline{)1.9}$$

```
      6
0,3)1,9
    1,8
      1
```

6本できて
1mあまるは
おかしいよ！

19÷3＝6 あまり 1
だからあまりを 1m とした。

2 どうして 6 あまり 1 としたと思う？

1.9÷0.3 を 19÷3 にして計算したからだと思います

　誤答については，どうしてそうなったのかをみんなで解釈することが大切である。誤答のプロセスを知り，乗り越えて正しいプロセスを身に付けることが大切である。

3 図に表すと，あまりは0.1m です

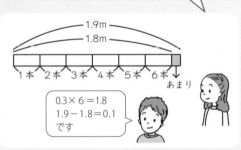

1本 2本 3本 4本 5本 6本
あまり

0.3×6＝1.8
1.9－1.8＝0.1
です

　図や式に表現することで，正しい答えを得るようにする。

1 整数と小数

2 体積（直方体・立方体）

3 変わり方

4 小数のかけ算

5 小数のわり算

6 合同な図形

7 図形の角

8 整数の性質

9 整数と小数、分数と小数、

本時の評価

・小数のわり算のあまりの数値の意味を説明し，適切にあまりを処理することができる。

どうしておかしいの？

・たしかめ算をすると、
0.3×6＋1＝2.8
1.9mになりません。

・0.3m ずつ切っているのに
1m あまると、まだ 0.3m ずつ
切りとることができます。

・図に表すと

$0.3×6＝1.8$
$1.9－1.8＝0.1$
あまりは
0.1m。

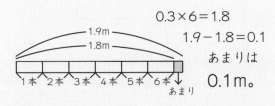

1本　2本　3本　4本　5本　6本
あまり

筆算であまりは どうかけばいいのかな？

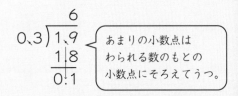

あまりの小数点は
わられる数のもとの
小数点にそろえてうつ。

2.3m のテープを 0.5m
ずつ切ったときの本数と
あまりを考えてみよう。

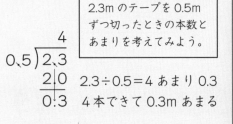

2.3÷0.5＝4 あまり 0.3
4本できて0.3m あまる

---

4 では，筆算を考えてみよう

最後のあまりの1は 0.1 の
ことだから，もとの小数点
の位置で打つのかな

あまりを考えるときには，もとのわられる数
の小数点の位置にそろえ小数点を書くことをま
とめるようにする。

まとめ

あまりのある小数のわり算のあまり
の処理は，間違いがおきやすい。

大切なのは，その間違いがなぜ起き
たのかを知ること，正しい答えはいく
つなのかを図やわり算の意味に基づい
て考えること。そして，最後に筆算で
どう処理すればよかったのか，考えを
つくることを楽しむことである。

本時案

小数倍の計算

本時の目標

・小数のわり算の商が倍を表すことがあること
を理解することができる。

授業の流れ

1 AとBの包帯はそれぞれ何倍に
伸びたのかな

実際に包帯を用意し，伸ばして見せてイメー
ジさせるようにする。また，図を見て何倍ぐら
いか予想させる。

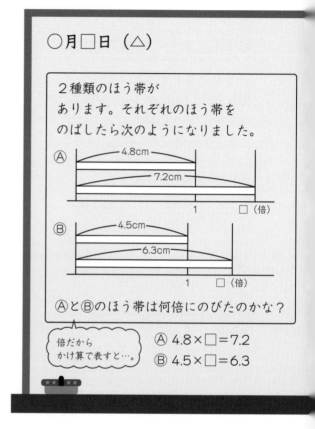

○月□日（△）

2種類のほう帯が
あります。それぞれのほう帯を
のばしたら次のようになりました。

Ⓐ

Ⓑ

Ⓐとwhen Ⓑのほう帯は何倍にのびたのかな？

倍だから
かけ算で表すと…。

Ⓐ 4.8×□＝7.2
Ⓑ 4.5×□＝6.3

2 どんな式で求められるかな

倍の数を□にしたら，Aは
4.8×□＝7.2，Bは4.5×□
＝6.3と表せます

ということは，□はわり算
で求められます

小数でも倍を求める
のはわり算でいいね

3，4年生のときにも倍を求める計算をし
てきているので，わり算でできそうだという見
通しをもたせる。

3 7.2÷4.8＝1.5　1.5倍です

6.3÷4.5＝1.4
1.4倍です

Aの方がよく伸びるんだね

どちらの方がよく伸びるといえるかといった
問題を4年生の時にも学習している。割合の
問題との関連を意識する。

1 整数と小数

2 体積（直方体・立方体）

3 変わり方

4 小数のかけ算

5 小数のわり算

6 合同な図形

7 図形の角

8 整数の性質

9 分数と小数、整数の関係

本時の評価

・２つの数量の倍の関係を小数のわり算で計算して求めることができ、その時の商の意味を説明することができる。

準備物

・伸び方の異なる２種類の包帯

倍を求めるには
どうすればいいのかな？

$$4.8)\overline{7.2} \quad \begin{array}{r} 1.5 \\ \hline \end{array}$$

$$\begin{array}{r} 48 \\ \hline 240 \\ 240 \\ \hline 0 \end{array}$$

$$4.5)\overline{6.3} \quad \begin{array}{r} 1.4 \\ \hline \end{array}$$

$$\begin{array}{r} 45 \\ \hline 180 \\ 180 \\ \hline 0 \end{array}$$

わり算を使えばいい

もとの数（1と見る数）で
わればいい。

Ⓐ　$7.2 \div \underline{4.8} = 1.5$　$\underline{1.5}$ 倍
　　　　もとの長さ

Ⓐのほう帯の方が
よくのびるね。

Ⓑ　$6.3 \div \underline{4.5} = 1.4$　$\underline{1.4}$ 倍
　　　　もとの長さ

---

4 小数のわり算の商には、どんな
意味があることがわかりましたか

小数のわり算は、1の値を求める
計算の意味や、何本分かを求める
意味だけでなく、倍を求めること
ができることがわかりました

小数のわり算の意味を確認する。倍は、包含
除的な意味として捉えることが大切である。

まとめ

小数のわり算は、1に対する値を求
めるという等分除的な意味と、いくつ
分や倍を求める包含除的な意味がある。

小数のわり算の商が倍を表すことが
あることを理解し、活用できるように
なることが大切である。

本時案

小数倍の関係

本時の目標
・2量の倍関係は，どちらをもとにするかで
変わることを理解することができる。

授業の流れ

1 青のリボンの長さは赤のリボンの長さの2倍です。青と赤のリボンの長さは何mですか

青4m，赤2m

青2m，赤1m

たくさん考えられるよ

　1m～10mの長さの青と赤のリボンが1m単位である設定である。
　青のリボンの長さが赤のリボンの長さの2倍になるときの，青と赤のリボンの長さを考える問題である。答えは1つではない。この問題を通して，2倍の関係になる長さの組はたくさんあることに気づかせる。

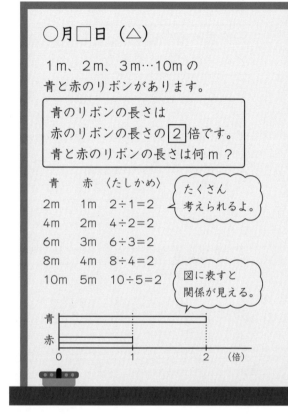

○月□日（△）

1m、2m、3m…10mの
青と赤のリボンがあります。

青のリボンの長さは
赤のリボンの長さの 2 倍です。
青と赤のリボンの長さは何m？

青	赤	〈たしかめ〉
2m	1m	2÷1＝2
4m	2m	4÷2＝2
6m	3m	6÷3＝2
8m	4m	8÷4＝2
10m	5m	10÷5＝2

たくさん
考えられるよ。

図に表すと
関係が見える。

2 赤のリボンは，青のリボンの長さの0.5倍です。青と赤のリボンの長さは何mかな？

青4m，赤2m

青6m，赤3m

青と赤のリボンの長さは，
最初の問題と同じです

　青と赤のリボンの長さは同じなのに，どうして0.5倍の組になるのか。そこを考えさせる。

3 どうして長さは同じなのに，
0.5倍になるのかな

赤のリボンをもとにすると青の
リボンは2倍になって，青のリ
ボンをもとにすると赤のリボン
は0.5倍になるからです

どちらをもとにする
かで変わります

　上の説明をペアを作って全員ができるように
配慮することが大切である。

1	整数と小数
2	体積（直方体・立方体）
3	変わり方
4	小数のかけ算
5	小数のわり算
6	合同な図形
7	図形の角
8	整数の性質
9	分数と小数、整数の関係

本時の評価

・2つの数量の倍の関係は，どちらをもとにするかで変わることを説明することができる。

赤のリボンは青のリボンの
長さの 0.5 倍です。
青と赤のリボンの長さは何m？

さっきと同じ？　もとになる数でわる。

青	赤	〈たしかめ〉
2m	1m	1÷2＝0.5
4m	2m	2÷4＝0.5
6m	3m	3÷6＝0.5
8m	4m	4÷8＝0.5
10m	5m	5÷10＝0.5

どちらを
1と見るかで
倍を表す数が
変わる。

青を1と見る。

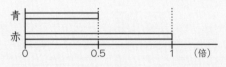

青のリボンの長さは，
赤のリボンの長さの 2.5 倍です。
青と赤のリボンの長さは何m？

1×2.5＝2.5　　2.5mはない。
2×2.5＝5　　　5m◯
3×2.5＝7.5　　×
4×2.5＝10　　　◯

青	赤	〈たしかめ〉
5m	2m	5÷2＝2.5
10m	4m	10÷4＝2.5

逆に見たら
どうなる？

青を1と見たら赤は何倍かな？

2÷5＝0.4　　　赤のリボンは
4÷10＝0.4　　青のリボンの 0.4 倍

---

4 青のリボンの長さは，赤のリボンの長さの2.5倍です。青と赤のリボンは何mかな？

青5m, 赤2m

青10m, 赤4m

逆に見たら, 0.4倍だね

2量のそれぞれの量をもとにして，もう一方の量を見て倍で表すことができるよう習熟を図る。

まとめ

　2量の倍関係を，それぞれの量をもとにして見ることができるようにする。数学的な見方を育てる授業である。それに関する説明は，子ども達一人一人ができるように配慮する。

　例えば，0.5倍の関係になる2量を考えるときには，4×0.5＝2とかけ算を使って求めてもよい。確かに2倍の関係かどうかを確かめるときに4÷2＝2とわり算を用いる。

本時案

小数倍を求める計算

・数値が小数であっても倍を求めるときは，わり算を用いることを理解することができる。

授業の流れ

1 3人の家から駅までの道のりは，学校から駅までの道のりの何倍ですか

たかしはすぐにわかるよ。4.8÷2.4＝2だから，2倍です

小数でもわり算でいいのかな

2.4kmの2倍が4.8kmだから合っています

倍を求める計算は小数でももとにする量でわればいいということですね

数値が整数のときには，もとにする量でわれば倍が出ることを理解していた。ここで改めて数値が小数になっても倍を求める計算は今まで通りもとにする量でわればよいことをおさえることが大切である。

○月□日（△）

学校から駅までの道のりは2.4kmです。たかしさんたちの家から駅までの道のりは、学校から駅までの道のりをもとにすると、それぞれ何倍ですか。

名前	たかし	おさむ	ゆうこ
道のり(km)	4.8	3.6	1.8

数直線に表してみよう。

```
      ゆうこ 学校     おさむ      たかし
       1.8  2.4     3.6        4.8  (km)
  ├──┼──┼──┼──┼──┤
       1    2    3    4    5
  0        □    1    □        2  (倍)
```

2 数直線の図に表すことができるかな。駅から学校までの道のりが2.4kmですね。2.4kmに対応する倍はいくつですか

もとになる量だから，1です

たかしは4.8kmだね。ここは？

2倍だから2と書きます

3 おさむの家から駅までの道のりは3.6kmです。だから、3.6÷2.4＝1.5 1.5倍になります

ゆうこの家から駅までの道のりは、1.8kmです。2.4÷1.8＝1.333…

子どもは，小さい数を大きい数でわることに違和感を覚え，（大きな数）÷（小さな数）にしてしまいがちである。倍を求める計算の仕方の理解を深めるために，取り扱って議論をしたい。

1 整数と小数

2 体積（直方体・立方体）

3 変わり方

4 小数のかけ算

5 小数のわり算

6 合同な図形

7 図形の角

8 整数の性質

9 分数と小数、整数の関係

本時の評価

・2つの数量の数値が小数であっても，倍を求めるときはわり算を用いて求めることができる。

どうやって倍を求めれば
いいのかな？

・もとにする量でわる。
・小数でもできるかな。

2.4×2＝4.8
4.8÷2.4＝2

たかし ←→ 駅
　　　4.8km は 2.4km の2倍。

わり算で2倍を求めることができる。

答え 2倍

小数のときも、倍を求めるときは
わり算で求めることができる。
2.4 を1と見たとき、4.8は2

おさむ ←→ 駅
　　3.6km
3.6÷2.4＝1.5

答え 1.5倍

```
        1.5
2.4) 3.6
       2.4
      120
      120
        0
```

ゆうこ ←→ 駅
・2.4÷1.8＝1.333…
・1.8÷2.4＝0.75
＋とでわる。

75倍

```
        0.75
2.4) 1.80
       168
       120
       120
         0
```

おかげさまで、東洋館出版社は創立75周年を迎えました

---

4 ゆうこの家から
短いから1.33…

1.8÷2.4＝0.75
0.75 倍です

もと
2.4
で

数直
2.4
よ

まとめ

　数値が小数であっても，今までと同じように比べられる量をもとにする量でわることは変わらない。

　そのことを理解するために，数直線図に表してみたり，式に表現してみたりして，整数値のときと同じように倍関係を求められることを理解することが大切である。

本時案

倍を使ってリボンの長さを求めよう

11/13

・もとにする数量の○倍をヒントに，もう一方の数量をかけ算を用いて求めることができる。

授業の流れ

1 赤，白，青，黄の４色のリボンの長さを求めてもらいます
赤いリボンはこれです。（提示する）何ｍでしょう

1.5m

3m

2m

ヒントはこの紙に書いてあります。「１ｍの２倍です。」

2mだ！

４色のリボンの長さを当てる問題。ただし，その長さは，提示されるヒントをもとに考えなければならない。ヒントは全て○○の長さの□倍です。といった形で書いてある。さて，子どもたちは，求めることができるだろうか。

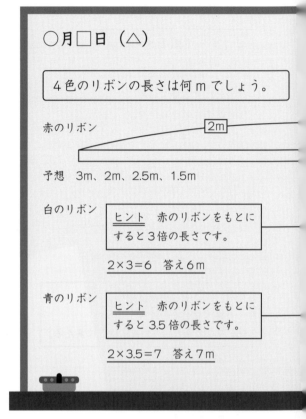

○月□日（△）

4色のリボンの長さは何ｍでしょう。

赤のリボン　　　　　　　　　2m

予想　3m、2m、2.5m、1.5m

白のリボン　　ヒント　赤のリボンをもとにすると３倍の長さです。

2×3＝6　答え6m

青のリボン　　ヒント　赤のリボンをもとにすると3.5倍の長さです。

2×3.5＝7　答え7m

2 白のリボンは，長いよ。（子どもに引っ張らせて伸ばしてみる。）

うわー，長い！

ヒントです。「赤のリボンをもとにすると，3倍の長さです。」

わかった！2×3＝6
6mです

白のリボンは，赤と同様に整数倍で求めることができる長さである。

3 青のリボンはこれです。（同じように子どもに引っ張らせて伸ばしてみる。）

これも同じぐらい長いよ

ヒントです。「赤のリボンの3.5倍の長さです。」

2×3.5＝7　7mです

かけ算を用いて求めた後に「7ｍは2ｍを□と見たときの□にあたる長さのこと」という言葉による表現を考えさせる。

1 整数と小数

2 体積（直方体・立方体）

3 変わり方

4 小数のかけ算

5 小数のわり算

6 合同な図形

7 図形の角

8 整数の性質

9 分数と小数、整数の関係

本時の評価

・もとにする量と割合（倍）を用いて，割合にあたる数量をかけ算で求めることができる。

準備物

・赤（2m），白（6m），青（7m），黄（1.2m）の紙テープ

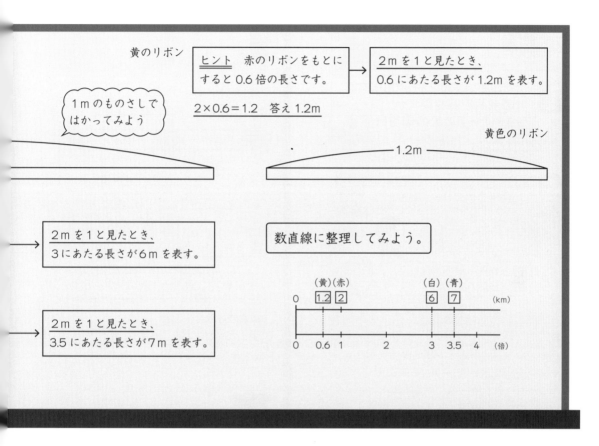

黄のリボン

ヒント　赤のリボンをもとにすると 0.6 倍の長さです。

2m を 1 と見たとき，0.6 にあたる長さが 1.2m を表す。

2×0.6＝1.2　答え 1.2m

1m のものさしではかってみよう

黄色のリボン

1.2m

2m を 1 と見たとき，3 にあたる長さが 6m を表す。

数直線に整理してみよう。

2m を 1 と見たとき，3.5 にあたる長さが 7m を表す。

（黄）（赤）　　　（白）（青）

0　1.2　2　　　6　7　（km）

0　0.6　1　　2　　3　3.5　4　（倍）

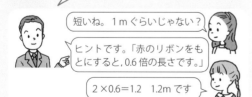

4 黄のリボンは，これです（提示する。）

短いね。1m ぐらいじゃない？

ヒントです。「赤のリボンをもとにすると，0.6 倍の長さです。」

2×0.6＝1.2　1.2m です

　4色のリボンの長さがわかったら，最後に数直線に表してまとめとする。その時にも，「◯色のリボンは，2m を 1 と見たときの□にあたる長さ」といった言い方を練習する。

まとめ

　もとにする数量の何倍かが分かれば，それが小数倍であっても，もう一方の数量を求めることができることがねらいである。小数のかけ算のときも同じように考えてきた。例えば，1m が80円のリボン2.3m の代金を求める問題では，80円を 1 とみたときの2.3（倍）にあたる代金を求めるので，80×2.3と立式した。そういった学習とのつながりを意識させることも大切である。

本時案

もとの数量を
求めよう

12/13

本時の目標

・ある数量を○倍した数量があったとき，○倍の数値と○倍した数量を用いて，もとの数量を求めることができる。

授業の流れ

1 たかおさんは犬を飼っています。次の成長記録を見てください。生まれたときの犬の体重は何gでしょう

どうやって求めればいいのかな

数直線に表してみるといいと思います

生まれたときの犬の体重を□gとして式に表してみるといいです

　数直線に表してみると，1にあたる数量を求めるわり算の形に似ていることに気付く。

　小数のわり算の学習を想起させてどんな式で求めるかを考えさせる。

○月□日（△）

たかおさんは、犬をかっています。
次のように成長の記録をメモしていました。

生まれてからの日数	体重(g)	倍
10 日	630	1.8
30 日	840	2.4

生まれたときの犬の体重は
何gでしょう。

どうやって求めればいいのかな？

・数直線に表してみる。
・生まれたときの犬の体重を□として
　式に表してみる。

---

2 数直線に表すと小数のわり算の図みたいになるね

1の値を求めるから630÷1.8になると思います

840÷2.4の式もできます

　小数のわり算の学習をノートなどで振り返り，数直線の図が同じ形になっていることに気付かせる。

3 □を使うと，式に表しやすいね

□×2.4＝840　840÷2.4＝350
350g です

数直線でも説明してみましょう

　□をつかってかけ算の式にしたり，その逆算でわり算を用いたりすることを，言葉や数直線を使って子ども達一人一人が説明できるようにする。

1 整数と小数

2 体積（直方体・立方体）

3 変わり方

4 小数のかけ算

5 小数のわり算

6 合同な図形

7 図形の角

8 整数の性質

9 分数と小数、整数の関係

本時の評価

・割合にあたる数量と割合（倍）を用いて，もとにする数量をわり算で求めることができる。

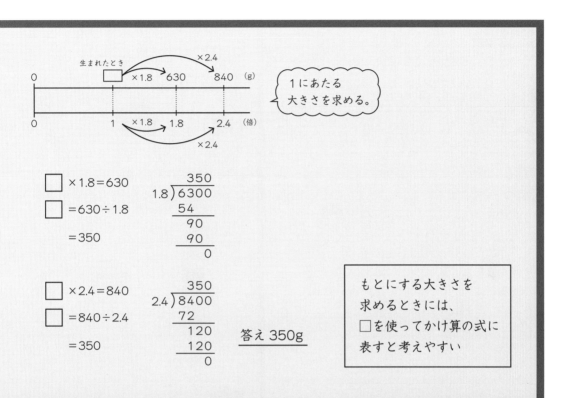

□×1.8＝630

□＝630÷1.8

□＝350

$$\begin{array}{r} 350 \\ 1.8\overline{\smash{)}6300} \\ 54 \\ \hline 90 \\ 90 \\ \hline 0 \end{array}$$

□×2.4＝840

□＝840÷2.4

□＝350

$$\begin{array}{r} 350 \\ 2.4\overline{\smash{)}8400} \\ 72 \\ \hline 120 \\ 120 \\ \hline 0 \end{array}$$

答え 350g

> もとにする大きさを
> 求めるときには、
> □を使ってかけ算の式に
> 表すと考えやすい

 4 今日の問題は，どのように考えたらよかったですか

数直線に表すとよくわかりました

□を使って式に表すと，わり算で求める方法がよくわかりました

まとめ

　もとにする数量をもう一方の量（比較量）や倍（割合）を用いて求めることがねらいである。

　小数のわり算との関連を意識することが大切になる。また，この後に学習する割合とも関連するため，子ども達一人一人が立式について理由を説明できるように配慮することが必要である。

本時案

差と倍で比べてみる（どちらが安いかな）

本時の目標

・商品を値下げしている様子を見て，どちらがより安くなったかを，倍の考えを用いて比べることができる。

授業の流れ

1 おにぎりとハンバーガーは，どちらがより安くなったといえますか？

> 両方とも50円安くなったから同じだと思います

> 4年生の時に学習したように，何倍になったかで比べたらいいと思います

4年生の時に学習した簡単な場合の割合の問題場面と似ていることを想起させ，何倍になったかで比べるという発想を持たせる。

○月□日（△）

あるお店で次のものを安売りしています。

おにぎり　　ハンバーガー　　ジュース

> おにぎりとハンバーガーのもとのねだんと，ねびき後のねだんです。どちらがより安くなったといえますか。

おにぎり　　　ハンバーガー
160円　　　　　200円
↓　　　　　　　↓
110円　　　　　150円

2 何倍になったかを考えてみよう

> 160×□＝110，□＝110÷160＝0.6875。おにぎりは，もとの値段の0.6875倍になりました

> 200×□＝150，□＝150÷200＝0.75ハンバーガーは，もとの値段の0.75倍です

3 どちらがより安くなったといえるかな？

> 差で比べると同じに見えるけど，倍で比べると，おにぎりの方が値段が下がっています

子どもの様子次第では，数直線に表すことによって，割合ではおにぎりの方が値段が下がっていることを視覚的に捉えさせる。

1 整数と小数

2 体積（直方体・立方体）

3 変わり方

4 小数のかけ算

5 小数のわり算

6 合同な図形

7 図形の角

8 整数の性質

9 分数と小数、整数の関係

・2つの商品はどちらが安くなったかについて，値段が何倍になったかを調べて比べることができる。

・おにぎり，ハンバーガー，ジュース，それぞれの挿絵

くらべ方を考えよう。

〈差でくらべる〉

$160 - 110 = 50$

$200 - 150 = 50$

両方とも50円安くなったから同じ。

〈何倍になったかを考える。〉

・$160 \times \square = 110$
  $\square = 110 \div 160$
  $= 0.6875$

・$200 \times \square = 150$
  $\square = 150 \div 200$
  $= 0.75$

おにぎりは、0.6875倍
ハンバーガーは、0.75倍のねだん。
おにぎりの方が安くなっている。

ジュースはハンバーガーと同じように安くしました。
400円のジュースをいくらにしたのかな？

$400 \times 0.75 = 300$

答え 300円

もとのねだんがちがうときは、ねびき後のねだんがもとのねだんの何倍になっているかで比べるとよい。

---

4 ジュースはどうなったのかな？

ジュースは，ハンバーガーと同じように安くしました。いくらにしたでしょう

0.75倍だから，400×0.75 $= 300$　300円です

　問題提示の際，商品は3つにしておいた。残っているジュースに関心がいくのは自然である。倍を意識させるために，同じように安くしたという設定でジュースの値段を求めさせる。

まとめ

　4年生で学習した簡単な場合の割合の問題場面と似ている。割合が小数倍になったところが違うだけである。

　したがって，4年生の学習を想起させ，倍によって比べる考えを子どもから引き出し，より安くなったのはどちらかを判断させる。

　倍がこのような場面でも活用されることを理解させることが大切である。

6 合同な図形 〔7時間扱い〕

単元の目標

・合同な図形を見つけたり，かいたり，つくったりする活動を通して，図形の合同の意味を理解し，平面図形についての理解を深めることができる。

評価規準

知識・技能	①図形の形や大きさが決まる要素について理解するとともに，図形の合同について理解することができる。
思考・判断・表現	②図形間の関係に着目し，合同な図形をいかに構成するかを考えることができる。
主体的に学習に取り組む態度	③合同の意味を理解し，2つの図形が合同かどうかを確かめる場合には，すべての辺や角の大きさを調べなくてもよいことに気づいたり，合同の観点から既習の図形を見直したりすることができる。

指導計画 全7時間

次	時	主な学習活動
第1次 合同の意味	1	ぴったり重ね合わせることができる2つの図形は合同であることを理解する。
	2	合同な図形は，対応する辺が等しく，対応する角の大きさが等しいことを理解する。
	3	既習の図形を合同な2つの三角形に分ける。
第2次 合同な図形の作図	4	合同な三角形を作図するために，三角形 ABC の頂点 A の位置をどうやって決めるか考える。
	5	直角三角形や正三角形の合同な三角形を作図するときの必要な条件について考えることができる。
	6	合同な平行四辺形の作図を，既習を生かして考えることができる。
第3次 合同な図形の分割	7	元の図形を4つの合同な図形に分割することを通して，合同な図形についての図形感覚を身につける。

単元の基礎・基本と見方・考え方

⑴図形が決まる要素

　三角形や四角形など簡単な平面図形について，図形が「決まる」という意味を教えることが必要である。図形が決まるとは，目的とする図形と合同な図形ができることを意味する。

　2つの図形がぴったり重なり，形も大きさも同じであるとき，この2つの図形は合同という。2つの図形が合同であるとき，対応する辺の長さや対応する角の大きさは等しい。

　合同な図形を見つけたり，かいたり，つくったりする活動を通して，図形の形や大きさが1つに決まる要素について理解できるようにすることが大切である。

⑵三角形が決まる要素

　三角形には，3つの辺と3つの角があるが，それらの要素を全て用いなくても，次のような要素が分かれば三角形が決まることを子どもに見出させる。

① 　3つの辺の長さ
② 　2つの辺の長さとその間の角
③ 　1つの辺の長さとその両端の角の大きさ

⑶図形が決まるという観点から既習の図形を見直す

　2つの図形が合同かどうかを確かめるには，全ての辺や角を調べなくてもよいことに気づかせる。
　例えば次の図形は，どのような要素が分かれば判断できるのだろうか。

・長方形…縦と横の長さ
・ひし形…2つの対角線の長さ
・円…半径の長さ
・正方形，正三角形…一辺の長さ

⑷合同な図形の敷き詰め

　合同な三角形，四角形によって平面を敷き詰めることができるかどうかを予想し，実際にやってみることは，子どもにとって楽しい活動になる。そして，敷き詰めた図形の中にほかの図形を認めたり，平行線の性質に気づいたりすることで，図形の見方や感覚を豊かにすることができる。

1 整数と小数

2 体積（直方体・立方体）

3 変わり方

4 小数のかけ算

5 小数のわり算

6 合同な図形

7 図形の角

8 整数の性質

9 整数と小数、分数の関係

103

本時案

合同な図形の意味

本時の目標

・ぴったり重ね合わせることのできる2つの図形は合同であることを理解する。

授業の流れ

1 ロボットの右の目に色紙をはりたいのだけれど，どの形がぴったり当てはまるかな？

見た目では，この三角形かな？

どうやって調べれば確実に見つけることができるかな

紙に写しとって調べればいいと思います

　お楽しみ会で使うロボットを作っているという場面を紹介する。左目にぴったり当てはまる色紙を見つける問題である。子どもの意欲を喚起したい。

○月□日（△）

お楽しみ会で使うロボットの顔をいろいろな図形で作っています。目にあてはまる、形も大きさも同じ三角形をあ〜おの中から見つけましょう。

どの形を切りとってはればいいかな。

〈考え方〉
うすい紙に形を写しとって調べてみる。

---

2 （選択肢の三角形を紙に写して，左目の三角形に重ねてみる。）あれっ，どれも合わないよ

いの三角形を裏返してみたら，ぴったり合ったよ！

　ロボットの顔と，選択肢の三角形を印刷して全員に配付する。全員が薄い紙に写して調べることを体験する。

---

3 "え"の三角形も形は同じです

形が同じってどういうこと？

角の大きさが同じですが，辺の長さがちがいました

　辺の長さも角の大きさも等しく，重ね合わせるとぴったり重なる図形を合同な図形ということを教える。重ねるときは，図形をずらしたり，裏返したり，回したりしてよい。

1 整数と小数

2 体積（直方体・立方体）

3 変わり方

4 小数のかけ算

5 小数のわり算

6 合同な図形

7 図形の角

8 整数の性質

9 分数と小数、整数の関係

本時の評価

・うすい紙に形を写し取って合同な形を見つけることができ，合同の意味を説明することができる。

準備物

・ロボットの図（提示用・児童配付用）
・選択肢の三角形や四角形（提示用・児童配付用）

あれ？どれも合わないよ

ⓘ の三角形をうら返して
　重ねたらぴったり合う。

ぴったり重ね合わせることのできる
2つの図形は合同であるという。

うら返すとぴったり重ね合わせる
ことのできる2つの図形も合同。

ⓔ の三角形は形は同じだけど、
　少し大きい。角度は同じ。

図形をずらしたり、回したり
うら返したりして重ねる。

口にあてはまる合同な四角形を
ⓚ〜ⓒの中から見つけましょう。

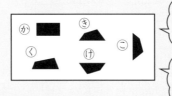

ⓚが合ってる
と思う。

たくさん
ありそう

同じように紙に写しとって調べる。

ⓚの四角形がぴったり重なる。
　ひっくり返してみた。

ⓘの四角形も合同。
　上下さかさまになっていた。

ⓒの四角形も合同。
　回せば重なる。

4 ロボットの口にまだ色紙がはってないよ

ロボットの口は，この
図形の中のどれかな？

紙に写しとって調べてみよう

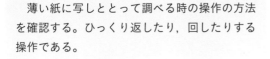
合同な四角形は1つではないよ！

　薄い紙に写しとって調べる時の操作の方法を確認する。ひっくり返したり，回したりする操作である。

まとめ

　合同な図形の定義を教える授業である。教えるといっても，ただ定義を教え込むのではなく，問題解決を通して子どもが知識を得ることが大切である。
　また，操作活動を通して実感することも大切にしたい。

本時案

合同な図形の性質

本時の目標

・合同な図形は，対応する辺が等しく，対応する角の大きさが等しいことを理解することができる。

授業の流れ

1 ロボットの耳にはっていた色紙がとれてしまいました。どの色紙が耳の四角形と合同でしょうか

また紙に写しとればいい

今日は薄紙がないので写しとることができません。写しとらないで合同な図形を見つけることはできるかな？

どうやって見つければいいのかな？

　写しとって調べることができないという条件では，四角形の構成要素や属性に目を向けざるを得ない。

　例えば，目などの合同な図形をよく観察することで，特徴をつかもうとする態度を価値づける。

〇月□日（△）

ロボットの耳の形がとれたので新しく図形をはります。
どの図形が合同でしょうか。
ただ、こまったことにうす紙がないので写しとることができません。

どうすれば合同な四角形を見つけることができるかな？

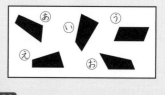

2 角度を測って同じかどうか調べよう

辺の長さも同じかどうか調べる必要があると思います

　角の大きさや辺の長さを調べる様子を取り上げて紹介する。角の大きさも辺の長さも，対応する角や対応する辺について考察することをおさえる。

3 ⓔは辺の長さは同じだけど，角の大きさが違います

ⓐは角の大きさは同じだけど，辺の長さが違います

ⓘは角の大きさも辺の長さも同じです

ⓘが合同だと思います！

　辺の長さだけ同じ，角の大きさだけ同じという四角形を選択肢に入れておくことによって，合同な図形は角の大きさも辺の長さも等しい図形であることを強調する。

1 整数と小数

2 体積（直方体・立方体）

3 変わり方

4 小数のかけ算

5 小数のわり算

6 合同な図形

7 図形の角

8 整数の性質

9 分数と小数、整数の関係

・対応する辺の長さや角の大きさを調べて，合同な図形を見つけることができ，合同な図形は対応する辺の長さと対応する角の大きさが等しいということを説明することができる。

準備物
・ロボットの図
・選択肢の四角形
・適用題の四角形
それぞれ提示用・児童配付用を用意する

・角度をはかって同じかどうか調べる。
・辺の長さが同じかどうか調べる。

コンパスを使うと楽。

切りとって重ねてみたい！たしかめよう！

おが合同

ⓔは辺の長さは同じだけど，角の大きさがちがう。

ⓐは角の大きさは同じだけど，辺の長さがちがう。

おは角の大きさも辺の長さもすべて同じ。

おが合同だと思う！

合同な図形で重なり合う辺、角、頂点を、それぞれ対応する辺、対応する角、対応する頂点という。

合同な図形では
対応する辺の長さは等しい。
対応する角の大きさは等しい。

☆この２つの図形は合同ですか？

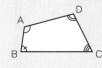

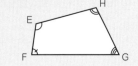

4 では，おの紙を切り取ってロボットの耳の部分に貼ってみようか

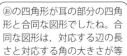

（きりとって貼る）ぴったりだ

おの四角形が耳の部分の四角形と合同な図形でしたね。合同な図形は，対応する辺の長さと対応する角の大きさが等しいという性質があります

まとめ

　合同な図形かどうかの判断は，一方の図形を薄紙に写しとってもう一方の図形に重ねて調べるという方法がある。
　その方法以外には，角の大きさと辺の長さに着目して，調べる方法がある。
　本時は，問題解決を通して，合同な図形は，対応する辺の長さと対応する角の大きさが等しいという性質を見出すことがねらいである。

本時案

合同な三角形を
見いだす

本時の目標

・既習の四角形を 2 つの合同な三角形に分け
 る活動を通して，図形の合同についての理解
 を深める。

授業の流れ

1 四角形を 2 つの合同な三角形に
分けましょう。例えば，正方形は
どうかな

（実際に分けてみる。）
正方形は，対角線で分ければ，
合同な直角三角形 2 つに分け
られると思います

本当に合同ですか？

折ればぴったり
重なります

対応する角も対応する
辺の長さも等しいです

　対応する辺の長さや角の大きさは等しいと話
したときに，さらにどうして辺の長さが等しい
といえるのか，どうして角の大きさが等しいと
いえるのか，について正方形の定義や性質をも
とに説明することが大切である。

○月□日（△）

今まで習った
四角形を 2 つの合同な
三角形にわけましょう。

正方形

対角線を
引いてわける。

・2 つに折るとぴったり重なる。

合同！ ・対応する角の大きさと
　　　　 対応する辺の長さが等しい。

長方形

同じく対角線
で分ける。

・切って重ねるとぴったり重なる。

対角線で分けると
合同な三角形になりそう。

---

2 長方形も対角線で分けると，
合同な直角三角形になるよ

切って重ねると，ぴった
り重なるから合同です

長方形は，向かい合う辺が等しい
から，対応する辺は等しいです

　対角線で分けてできる 2 つの直角三角形の
考察では，錯角が等しいことが未習なので，合
同であることを演繹的に説明することは難しい。

---

3 ひし形はどうかな

習った四角形は，対角線を引くと
みんな合同な三角形になるんじゃ
ないかな

2 つに折ると，ぴったり
重なるから，合同です

　ひし形や平行四辺形についても，対応する角
が等しいかどうかについては，やや複雑な思考
を要する。したがって，折ったり，切ったりし
てぴったり重なるかどうかを，合同の根拠にす
る。

1 整数と小数

2 体積（直方体・立方体）

3 変わり方

4 小数のかけ算

5 小数のわり算

6 合同な図形

7 図形の角

8 整数の性質

9 分数と小数、整数の関係

本時の評価

・四角形を合同な 2 つの三角形に分けて，その理由を説明することができる。

準備物

・［正方形・長方形・ひし形・平行四辺形・台形］（各提示用の図と，各図が書いてあるワークシート

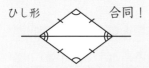

対角線で分けると合同な三角形 2 つになるのかな？

習った四角形で、対角線で切っても合同な三角形ができない図形はあるのかな？

ひし形　　　　　合同！

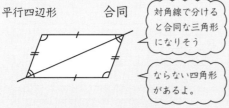

・2 つに折るとぴったり重なる。
・対応する辺の長さと対応する
　角の大きさが等しい。

平行四辺形　　　　合同

対角線で分けると合同な三角形になりそう

ならない四角形があるよ

・切って重ねるとぴったり重なる。

台形　　　　　　合同にならない。

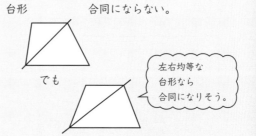

でも

左右均等な台形なら合同になりそう。

やっぱり合同な三角形にはならない。

習った四角形を対角線でわけると、合同な三角形ができる。
ただし、台形はできない。

☆対角線 2 本引いても
　合同な図形はできるのかな。

---

4 対角線で分けても合同な三角形にならない形があるよ

台形はならないと思います

左右が等しい台形ならできるかもしれないよ

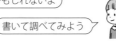

書いて調べてみよう

　等脚台形に目を付ける子どもがいたら，探究させる。また，四角形を対角線 2 本で分けた場合，合同な三角形ができるかどうかを探究することもできる。

まとめ

　正方形，長方形，ひし形，平行四辺形は，対角線を引けば合同な三角形に分けることができるが，台形は合同な三角形にわけることはできない。
　合同かどうかの根拠は，基本的には折ったり，切ったりしてぴったり重なるかどうかである。しかし，対応する辺については，四角形の性質を使って説明することができるので，触れておきたい。

本時案

合同な三角形の作図

本時の目標

・合同な三角形を作図するために，三角形 ABC の点 A の位置をどう決めるかを考えることができる。

授業の流れ

1 三角形 ABC と合同な三角形をかきましょう。辺 BC を先に引きました

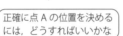

点 A は，この辺だと思います（適当に取る）

正確に点 A の位置を決めるには，どうすればいいかな

合同な三角形の作図の際，まず 1 辺を決め，もう 1 点をどうやって決めるかに課題を絞ることで，焦点を絞って思考し，議論できるようにした。

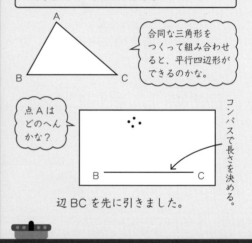

○月□日（△）

合同な 2 つの三角形を組み合わせて四角形をつくります。
そのために三角形 ABC と合同な三角形をかきましょう。

A

B　　　　　　C

合同な三角形をつくって組み合わせると、平行四辺形ができるのかな。

点 A はどのへんかな？

B　　　　　　C

コンパスで長さを決める。

辺 BC を先に引きました。

2 角 B を測って60°の角を作るように直線を引き，角 C を測って40°の角を作るように直線を引いたよ

辺 AB と辺 AC の長さをコンパスでとって線を引き，交わった点を点 A としました

どのように点 A を決めたか，作図方法だけ見て，他の子どもが説明するなど，共通理解を図ることを大切にする。

3 角 B の大きさを測って，60°の角ができるように直線を引きます

辺 AB と同じ長さをコンパスでとって印をつけた点を点 A としました

3 つのことがわかれば合同な三角形がかけると思います

3 つの条件で合同な三角形がかけることに気付かせるように，板書を工夫する。

1	整数と小数
2	体積（直方体・立方体）
3	変わり方
4	小数のかけ算
5	小数のわり算
6	合同な図形
7	図形の角
8	整数の性質
9	分数と小数、整数の関係

本時の評価

・合同な三角形を書くために点 A を決める方法を考えることができる。

準備物

・三角形，辺 BC だけ書いてある用紙（提示用）
・辺 BC の図だけ書いてあるワークシート（縮図になっている）

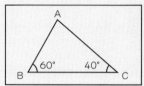

点 A の位置をはっきり決めるには、どうすればいいのかな？

① 辺 BC の長さ
② 角 B の大きさ 60°
③ 角 C の大きさ 40°

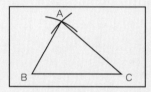

① 3つの辺の長さ

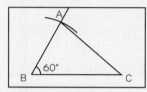

頂点 A の位置は、辺の長さや角の大きさのうちの 3 つを使うと決めることができ、合同な三角形をかくことができる。

① 辺 BC の長さ
② 角 B の大きさ 60°
③ 辺 AB の長さ

きまりがわかった！

3つわかれば A が決まる！

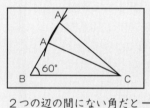

① BC の長さ
② 角 B の大きさ
③ 辺 AC の長さ

2つの辺の間にない角だと → 頂点 A が 2つできる。

---

4 角 B をつくるように直線を引くのは同じです

みんなも同じようにかいてみようか

そのあとに，辺 AC の長さをコンパスでとって点 A を決めます

あれっ，角 B の直線と交わる点が 2つできるよ

上のかき方では，辺 AC の長さをコンパスでとろうとした際，角 B を作った直線と 2 点で交わってしまうことに気付かせる。

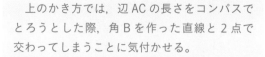

まとめ

　合同な三角形をかくために，角の大きさや辺の長さに着目することが大切である。

　辺の長さは，定規で測定する子どもが多いだろうが，コンパスを用いて長さをとることを教えることも必要である。

　頂点 A の位置を決める時には，辺の長さや角の大きさのうちの 3 つを使うと決めることができることに気付かせたい。

本時案

合同な図形をかくための条件

本時の目標

・直角三角形や二等辺三角形，正三角形と合同な三角形を作図するときの条件について考えることができる。

授業の流れ

1 封筒から出す三角形と合同な三角形をかきます

（封筒から引く）
あっ，直角三角形だ

辺 BC と角 B と…

何がわかれば合同な三角形がかけるかな

角 B は直角ってわかっているから，測る必要はないよ

直角三角形はもとから直角があることが分かっている。二等辺三角形や正三角形も図形の性質を用いて作図するので，作図について前時に学習した 3 つの条件は必要ないことに気付かせたい。

○月□日（△）

ふうとうから出てくる三角形と合同な三角形をかこう。

① A

直角三角形

B　　　　C

名前がかいてある！

何がわかればいいかな？

| 辺 BC の長さ
角 C の大きさ
（角 B90°） | 辺 BC の長さ
辺 AB の長さ
（角 B90°） |

どうして 2 こでいいの？

角 B が直角とわかっているので，その角を入れたら 3 つ使っている。

2 辺 BC の長さと辺 AB の長さが分かれば合同な直角三角形がかけます。角 B が直角はわかっているので

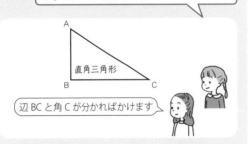

A

直角三角形

B　　　　C

辺 BC と角 C が分かればかけます

角 B の直角を使っていることを合わせれば 3 つの条件になることを確認しておく。

3 次の三角形を引いてみよう

二等辺三角形だ

辺 BC の長さと角 B の大きさが分かればいいです

角 B と角 C は等しいから角 B だけ測ればいいね

他にも辺 BC と辺 AB の長さが分かれば合同な三角形がかける。二辺が等しいこと，底角が等しいことを利用して考える。

1 整数と小数

2 体積（直方体・立方体）

3 変わり方

4 小数のかけ算

5 小数のわり算

6 合同な図形

7 図形の角

8 整数の性質

9 分数と小数、整数の関係

本時の評価

・直角三角形や正三角形の合同な三角形を書くときの条件について考え，合同な図形を作図することができる。

準備物

・封筒
・直角三角形，二等辺三角形（提示用）
・直角三角形と二等辺三角形の図が書かれているワークシート

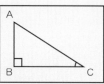

・辺 BC の長さ
・角 C の大きさ

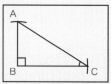

・辺 BC の長さ
・辺 AB の長さ

③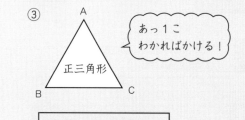

あっ1こわかればかける！

何がわかれば合同な正三角形がかけますか。

一辺の長さがわかればいい！

② 二等辺三角形

辺 AB＝辺 AC
角 B＝角 C

二等辺三角形も2こわかればいいんだね。

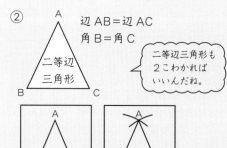

・辺 BC の長さ
・∠B の大きさ

・辺 BC の長さ
・辺 AB の長さ

辺 BC の長さ
辺 AB も辺 AC も等しいので3辺の長さがわかったことになる。

辺 BC の長さ
角 B、
角 C は 60°

辺 BC の長さ
角 B は 60°
辺 AB は
辺 BC と同じ。

4 （もう1つ引く）次は正三角形だ

正三角形は3辺が等しいし，3つの角の大きさが60°だよね

ということは，辺 BC の長さが分かればかけます。3辺の長さがわかるのと同じだからです

まとめ

　直角三角形や二等辺三角形，正三角形といった特殊な三角形は，それぞれの図形の定義や性質を生かして合同な図形を作図することができる。

　例えば，正三角形は，3辺の長さが等しいという定義を生かして合同な図形を作図しようとすると，1辺の長さが分かれば作図することができる。

本時案

合同な平行四辺形の作図

・合同な平行四辺形の作図を，既習を生かして
　考えることができる。

授業の流れ

1 合同な平行四辺形をどうやって
かけばいいかな？

4辺の長さがわかれば
かけると思います

三角形を2つかくように
すればいいと思います

　合同な三角形の作図の時には，3つの条件
で合同な図形がかけたことから，四角形は4
つの条件でかけるのではないかと類推する。ま
た，前時まで三角形の作図をしてきたので，三
角形を2つかくようにするという発想をする。
　見通しをもつ段階で，既習を振り返って話し
合いをする。

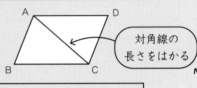

○月□日（△）

平行四辺形 ABCD と合同な
平行四辺形をかきましょう。

対角線の
長さをはかる

どうやってかけばいいのかな？

・4辺の長さでかけると思う。
・三角形を2つかくようにすればいい。

・頂点Aと頂点Dを決めるために
　角の大きさをはかったり，
　辺の長さをはかったりする。

2 4辺の長さでかけるかな？

辺BCを決めて，辺ABを
とります。
でも，辺ABの長さだけ
では点Aが決まりません

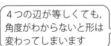

4つの辺が等しくても，
角度がわからないと形は
変わってしまいます

　4辺の長さだけでは合同な図形が書けない
ことを丁寧におさえる。

3 それなら，辺 AB の長さと角 B の
大きさがわかれば点 A が決まります

辺CDの長さと角Cの
大きさがわかれば点D
が決まります

5つのことがわかれば
かけそうだね

　4辺の長さだけではかけないことがわかっ
たら，長さだけでなく，どんな条件があればか
けるかを考える。

・合同な三角形の作図の仕方を活用して，合同な平行四角形を作図する
　ことができる。

・平行四辺形の図（提示
　用）
・平行四辺形の図がかい
　てあるワークシート

4辺の長さがわかれば
かけるかな？

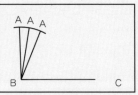

辺 AB をひくときに
長さだけでは点 A が決まらない。

対応する点 D をどうやって
決めればいいのかな？

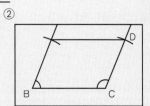

① 辺 AD と辺 CD の長さを
コンパスでとって
点 D を決める。

② 角 C をとり、辺 CD の
長さをとって点 D を決める。

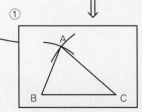

① 辺 AB と対角線 AC の長さを
とって点 A を決める。

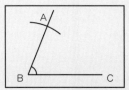

② 角 B の大きさと辺 AB の
長さがわかれば点 A が決まる。

対角線の長さを使えば
合同な三角形のかき方を
生かして合同な平行四辺形を
かくことができる。

4 三角形をかくようにして点 A を決
めます

あとは，辺 AD と辺 CD の長さをコ
ンパスでとって線を引き，交わった
点を点 D とします

点 A を決めるのに，3 つの条件を使
い，点 D を決めるのに 2 つの条件を
使ったので，やっぱり 5 つの条件で
平行四辺形はかけそうです

まとめ

　合同な平行四辺形の作図について考
える際は，合同な三角形の作図の考え
が土台になる。
　三角形を 2 つかくようにして合同な
平行四辺形の作図を考えたり，5 つの
条件でかけることに気付いたりするこ
とが大切である。

1 整数と小数

2 体積（直方体・立方体）

3 変わり方

4 小数のかけ算

5 小数のわり算

6 合同な図形

7 図形の角

8 整数の性質

9 分数と小数、整数の関係

本時案

図形の合同分割

本時の目標

・元の図形を4つの合同な図形に分割する活動を通して，合同な図形についての図形感覚を身につける。

授業の流れ

1 この形を4つの合同な図形に分割しましょう

4cm

正方形を4つに分けることができます

先生，この点線にそって分けるのですか

そうです。点線にそって線を引いて，図形を分割しましょう

点線を見ると，もとの正方形は16個の正方形に分割されていることがわかる。

$16 \div 4 = 4$ なので，分割する1個分の図形の面積は正方形4個分であることがわかる。

○月□日（△）

4つの合同な図形に分割しよう

① 4cm

一辺2cmの正方形4つに分ける。

正方形

② 合同な正三角形4つに分けることができる！

正三角形

---

2 この正三角形はどうでしょう

点線で分けられた形を見ると，16個分の三角形があるから，三角形4個分の図形を考えればいいんだね

正三角形が4つできたよ

合同な図形は，大きさも形も同じであることから，面積を等分することで合同な図形を見つける。

3 最初の正方形と正三角形から合同に分割した形を1個抜きます

L字型だ。もう1つは台形だ

この形を4つの合同な図形に分けられるかな

最初の問題から発展的に新しい問題をつくる。点線で分割された単位となる形の12個分である。だから，$12 \div 4 = 3$，3個分の形をイメージすればよいことがわかる。

図形の合同分割
116

1 整数と小数

2 体積（直方体・立方体）

3 変わり方

4 小数のかけ算

5 小数のわり算

6 合同な図形

7 図形の角

8 整数の性質

9 分数と小数、整数の関係

本時の評価

・元の図形を面積に着目して4つの合同な図形に分割することができる。

準備物

・合同に分割するもとの図（提示用）
・合同に分割する図が書いてあるワークシート（児童配付用）

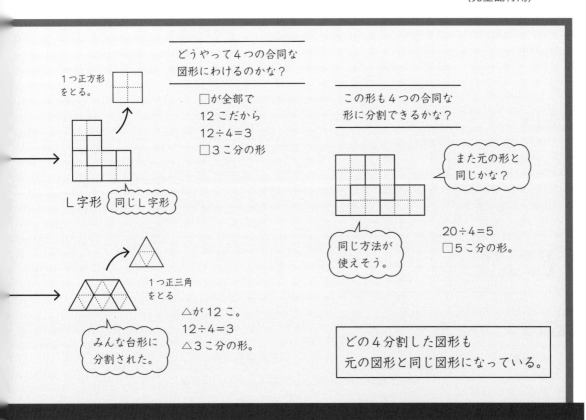

どうやって4つの合同な図形にわけるのかな？

1つ正方形をとる。

・□が全部で12こだから
12÷4=3
□3こ分の形

L字形 〔同じL字形〕

1つ正三角をとる

△が12こ。
12÷4=3
△3こ分の形。

みんな台形に分割された。

この形も4つの合同な形に分割できるかな？

また元の形と同じかな？

同じ方法が使えそう。

20÷4=5
□5こ分の形。

どの4分割した図形も元の図形と同じ図形になっている。

4 あれっ！
元の形と同じ形になるよ

どういうことかな

元の形がL字型だったけど、4つに分割した形もL字型でした

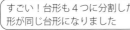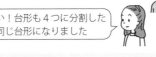

すごい！台形も4つに分割した形が同じ台形になりました

合同な形に分割してみると、元の形の $\frac{1}{2}$ の縮図になっていることがわかる。

まとめ

合同な図形に分割する問題を面積に着目して考える。4つに分割した形は見た目にも明らかに合同なので、本時は図形感覚を養う授業と捉えてよい。

子どもは、合同に分割したとき、元の形の $\frac{1}{2}$ の縮図（子どもの言葉で同じ形）になることを発見する。図形の学習の楽しさを味わわせることが大切である。

7 図形の角　$\boxed{\text{6時間扱い}}$

単元の目標

- 三角形や四角形の角の大きさの和について，帰納的に考えたり，演繹的に考えたりして，その性質を見出すことができる。
- 多角形の意味を知り，五角形，六角形，…の角の大きさの和について，類推的に考えたり，発展的に考えたりして調べることができる。

評価規準

知識・技能	①図形を構成する要素である角の大きさに着目し，その和がどんな場合でも一定であるという性質について理解することができる。
思考・判断・表現	②三角形の角の大きさの和が180°になることを帰納的に見出し，それを基に，四角形などの図形の角の大きさの和を，筋道を立てて考えることができる。
主体的に学習に取り組む態度	③図形の角の大きさの和を，多様な方法で調べたり，筋道を立てて考えたりして，その和がどんな場合にも一定であるという図形の性質を見出そうとする。

指導計画　全6時間

次	時	主な学習活動
第1次 図形の角の和	1	直角三角形の角の和について考え，その知識を基に，一般三角形の角の和を求める。
	2	四角形の4つの角の和について，三角形の3つの角の和が180°であることを基に考える。
	3	どんな三角形や四角形でも敷き詰めることができることを理解する。
第2次 図形の角の和の求め方のきまり	4	五角形や六角形の角の和について，三角形や四角形の角の和を基に考える。
	5	七角形や八角形の角の和について，角の大きさの和の求め方を一般化することができる。
第3次 図形の性質の活用	6	2つの正三角形を組み合わせてできた形の中に多様な図形を見出し，その根拠を角の大きさに着目して説明する。

単元の基礎・基本と見方・考え方

(1)図形の性質を見いだす

　辺の長さや角の大きさの数量的な関係について考察し，図形の性質を見出すことが，第5学年としてのねらいになる。

　例えば，三角形の3つの角の大きさの和に着目すると，その和がどんな場合でも一定であるという三角形の性質を見出すことが大切になる。

　そして，四角形や五角形に発展させて考えてみることで，同じように角の大きさの和が一定であることを理解させる。

(2)図形の性質と筋道を立てて考えること

　筋道を立てて考えることには，わかっていることを基に説明するという演繹的な考えがある。帰納的な考えや類推的な考えも，根拠となることを示すという点で筋道を立てて考えることに含まれる。

　筋道を立てて考える例として，三角形の3つの角の大きさに着目し，いくつかの三角形について，3つの角の大きさの和を求める場面がある。子どもたちは，分度器で測ったり，合同な三角形を敷きつめたり，3つの角の部分を切って集めたりする。そうすることで，子ども達には3つの角の大きさの和が，どれも180°であることが見えてくる。

　このようにいくつかの事例を集めて共通することを抽出する考えを帰納的な考えという。1つの三角形で180°であることを説明するのではなく，複数の三角形で180°になることを説明することで，説明がより確かなものになることを経験させる。

　さらに，三角形の3つの角の大きさの和が180°であることがわかると，そのわかったことを基に発展的に考え，四角形の4つの角の大きさの和や五角形の5つの角の大きさの和などを考えることができる。この考えが演繹的な考えである。

　子ども達には，筋道を立てて考えることで理由・根拠がわかりすっきりするという感覚をもたせ，そのよさに気づかせていくようにする。

1 整数と小数

2 体積（直方体・立方体）

3 変わり方

4 小数のかけ算

5 小数のわり算

6 合同な図形

7 図形の角

8 整数の性質

9 分数と小数，整数の関係

本時案

三角形の3つの
角の和

本時の目標

・直角三角形の角の和について，長方形の角の
和をもとに考えることができ，一般三角形の
角の和の考察に活用することができる。

授業の流れ

1 直角三角形の3つの角の和は
いくつかな？

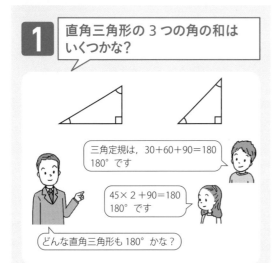

三角定規は，30＋60＋90＝180
180°です

45×2＋90＝180
180°です

どんな直角三角形も180°かな？

直角三角形を2つ組み合わせると長方形に
なることから，直角三角形は，3つの角の和
が180°であることを演繹的に説明しやすい。

本時は，特殊から一般への流れで三角形の
3つの角の和の導入を行うものである。

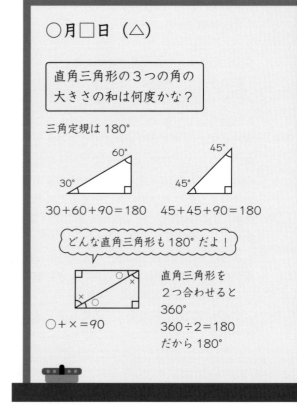

○月□日（△）

直角三角形の3つの角の
大きさの和は何度かな？

三角定規は180°

30＋60＋90＝180　　45＋45＋90＝180

どんな直角三角形も180°だよ！

○＋×＝90

直角三角形を
2つ合わせると
360°
360÷2＝180
だから180°

2 直角三角形は，長方形の
半分です

長方形は 90×4＝360 で 360°
だから，360÷2＝180 で 180°
です

図にかくと，○＋×は90°にな
ります。だから，3つの角の和
は180°です

長方形の4つの角の和が360°あることをも
とに直角三角形の3つの角の和が180°である
ことを全員が説明することが大切である。

3 どんな三角形も180°になるのか
な。三角形をかいて調べてごらん
（黒板にも1つ三角形を提示）

分度器ではかってみよう

3つの角を切って集めた
ら，直線になったよ。だか
ら，180°だと思います

自由に三角形を作図させてそれぞれ調べさせ
る。分度器で測定したり，角を切って集めたり
して，まずは帰納的に180°になりそうだとい
う見通しをもたせる。

本時の評価

・直角三角形の角の和の大きさを長方形の角の和をもとに考え，説明することができる。
・一般三角形の角の和を，角を切って集めて調べたり，直角三角形の角の和をもとに考えたりすることができる。

準備物

・三角定規と同じ直角三角形1組（提示用）
・一般三角形（提示用）
・適用題としての一般三角形（提示用）

どんな三角形も
3つの角の和は180°なのかな？

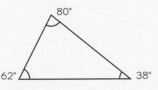

分度器ではかる。　180°
62＋80＋38＝180

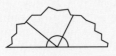

3つの角を合わせたら
一直線になった。　180°

直角三角形2つに分けられることで
どうして180°と言えるの？

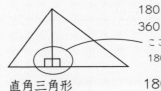

180×2＝360
360－180＝180
ここの
180°をひく

直角三角形　　　　180°

三角形の3つの角の
大きさの和は180°になる。

あといの角度は何度？

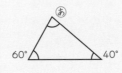

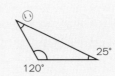

4 このように直角三角形2つに分けて考えた人がいたよ。3つの角の和が180°と言えるかな？

180×2＝360　360°　？

この部分の直角2つ分を引かないといけません。
360－180＝180
180°です

直角三角形が180°であることは証明されているので，わかっていることをもとに演繹的に考えようとしている。

まとめ

　どんな三角形も直角三角形2つに分割できる。直角三角形の3つの角の和が180°であることが分かれば，そのことをもとに，どんな三角形も3つの角の和が180°であることを説明することができる。
　特殊から一般へという流れをつくり，筋道を立てて考えることをねらった授業である。

1 整数と小数
2 体積（直方体・立方体）
3 変わり方
4 小数のかけ算
5 小数のわり算
6 合同な図形
7 図形の角
8 整数の性質
9 整数と小数、分数の関係

本時案

四角形の 4 つの
角の和

本時の目標
・四角形の 4 つの角の和について，三角形の
　3 つの角の和が180°であることをもとに考
　えることができる。

授業の流れ

1 どちらの四角形の方が角の大きさの和が大きいでしょうか

長方形の方が小さいと思います

長方形は 360° だから、それよりも②の方が大きいと思います

分度器で測ってみてもいいですか？

（T：同じ不等辺の四角形を 2 人に 1 つ配付する）

　長方形と不等辺の四角形の 4 つの角の大きさの和を比較する問題場面からスタートする。

　四角形の内角の和が360°という前に，すべての四角形の内角の和が等しいということも問題にし，子どもたちの不思議心をくすぐりたい。

○月□日（△）

どちらの方が角の大きさの和は大きいでしょう。

① 5人　　② 18人　

　同じ7人　

長方形　　　　　　　四角形

$90 \times 4 = 360$　　　　　？

三角形は 180° だけど、四角形は何度かな？

・分度器ではかってみたい。
$125 + 67 + 72 + 96 = 360$

・角をあつめてみる 360° かな？

---

2 分度器で測ったら，360° でした

私は，358° になりました

角を切って集めたら，ちょうど 360° になったよ

どうしたら，はっきりわかるのかな

　実測だと測定値にばらつきが生じる。どうしたらはっきりわかるかという問いを全体の問いとして共有して授業を展開する。

---

3 対角線でわけると，三角形 2 つになります

三角形 2 つに分けてどうやって求めるのかな

$180 \times 2 = 360$ だから360° です

図で説明すると…

　三角形 2 つ分の角が，四角形の 4 つの角を満たしていることを，図を使って丁寧に説明することが大切である。

1 整数と小数

2 体積（直方体・立方体）

3 変わり方

4 小数のかけ算

5 小数のわり算

6 合同な図形

7 図形の角

8 整数の性質

9 分数と小数、整数の関係

本時の評価

・四角形の4つの角の和について，三角形の3つの角の和が180°であることをもとに考え，その方法を説明することができる。

準備物

・長方形と一般四角形（提示用）

三角形の3つの角の和を
もとにして求め方を考えよう。

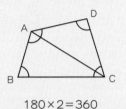

180×2＝360

対角線で分けると
三角形2つに分けられるので、
180° 2つ分で360°

答えは①②
両方とも同じ！

どうして360°を
ひいたの？

ここの角の部分が
よぶんだから。
四角形の角ではないから。

180×4＝720
720－360＝360

四角形の4つの角の大きさの和は
三角形に分けて求めることができる。
4つの角の大きさの和は360°

4 対角線2本で分けた人がいました。この図を見て，どのように求めたかわかりますか？

180×4＝720 720° ？

四角形の中にある 360°
を引けばいいと思います。
720－360＝360
360° です

　対角線2本を引いて戸惑っている子どもがよくいる。図形の角の見方を豊かにするためにも扱っておきたい考えである。

まとめ

　長方形と不等辺の四角形の比較場面からスタートすることによって，子どもたちは，意欲的に考えようとする。

　子どもたちは，三角形と同様に，四角形についても，全ての四角形について4つの角の大きさの和が等しいことと，その和が360°であることを見いだすことが大切である。

　子ども達の探究する姿を期待したい。

本時案

三角形と四角形のしきつめ

・どんな三角形と四角形でも敷きつめることができることを理解することができる。

授業の流れ

1 三角形と四角形，どちらがすき間なく敷きつめることができるでしょうか。三角形と四角形は混ぜません

しきつめるってどういうこと？

この写真をみてごらん。（ブロックが敷きつめられている写真を提示）このようにすき間がないように同じ形を並べることです

　本時の問題は，合同な三角形を敷きつめることができるか，同じく合同な四角形を敷きつめることができるかという意味であることを伝える。

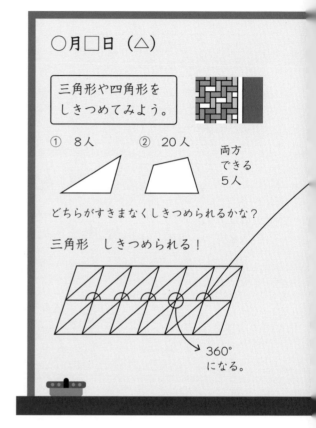

○月□日（△）

三角形や四角形をしきつめてみよう。

① 8人　② 20人　両方できる5人

どちらがすきまなくしきつめられるかな？

三角形　しきつめられる！

360°になる。

2 直角三角形や正方形，長方形ならできると思います

では，実際にやってみよう。（2人に1組ずつ三角形と四角形の用紙を配付する。）2人で協力して並べてみよう

　提示した形で敷きつめることができるか，またどんな形なら敷きつめることができると思うかを話し合ってから敷きつめをやってみる。

3 敷きつめられたよ！

どうしてすき間なく敷きつめられたのかな？

どういうこと？

では，1つの点に集まる角の大きさに目を付けて考えてみよう

　なぜ敷きつめられるか，という問いに対して，どう考えてよいかわからない子どもに，考える視点や何を言えばよいのかを教える。

三角形と四角形のしきつめ
124

本時の評価

・三角形や四角形を敷き詰めて，どうしてぴったり敷き詰められるかについて，角に着目して説明することができる。

準備物

・一般三角形，一般四角形，長方形，平行四辺形の図（提示用）
・一般三角形，一般四角形の図（児童配付用）
・画用紙（敷き詰める形を貼る）

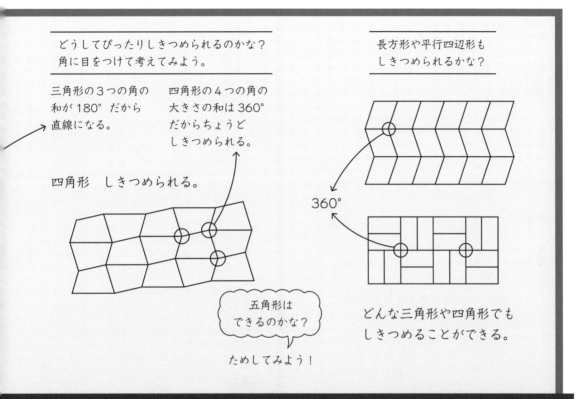

どうしてぴったりしきつめられるのかな？
角に目をつけて考えてみよう。

三角形の3つの角の和が180°だから直線になる。

四角形の4つの角の大きさの和は360°だからちょうどしきつめられる。

四角形　しきつめられる。

五角形はできるのかな？

ためしてみよう！

長方形や平行四辺形もしきつめられるかな？

360°

どんな三角形や四角形でもしきつめることができる。

1 整数と小数
2 体積（直方体・立方体）
3 変わり方
4 小数のかけ算
5 小数のわり算
6 合同な図形
7 図形の角
8 整数の性質
9 分数と小数，整数の関係

 4 三角形は3つの角が集まっているから直線になります

 四角形を敷きつめると，1つの点に4つの角が集まるから必ず360°になるので敷きつめられます

 ということは，五角形は敷きつめられないのかな

敷きつめられない例を見ると，なぜ敷きつめられるかがより実感できる。五角形の敷きつめの様子を見せるのも1つの手である。

まとめ

三角形や四角形を敷きつめると，1つの点に敷きつめる形の全ての角が集まり，ちょうど360°を作っている。そのことを発見することが大切である。

本時の学習をすることで，身の回りにある三角形や四角形の敷きつめ模様を見つけたり，五角形や六角形で敷きつめてみたりと，子どもの探究する姿を期待する。

本時案

五角形の角の和

4/6

授業の流れ

1 五角形の角の和は何度かな？どうやって求めればよいと思いますか？

四角形のときは，三角形に分けて考えたから，同じように三角形や四角形に分けて考えたらいいと思います

360°より大きいと思います

　五角形の角の和を求める時には，既習をもとに考え方や結果について見通しをもたせることが大切である。

○月□日（△）

角の大きさの和は何度かな？

五角形だ

5本の直線で囲まれた図形を五角形と言う。

ヒント

四角形の時は，三角形に分けて求めたよ。

見通し

三角形…180° ↘180°　また180°増えるのかな。
四角形…360° ↘180°
五角形…540°

---

2 三角形に分けてみました

どんな式になると思う？

180×3＝540
540°です

三角形と四角形に分けました

360＋180＝540
540°です

この図はどんな式になるのかな

　発表の時は，図に表現する子どもと，式を表現する子どもを変える。役割りを分担することで理解を共有する。

---

3 五角形の角の大きさの和は540°ですね。三角形から順に角の大きさの和を表に整理してみるよ

あっ，180°ずつ増えてる

本当だ。それなら六角形は
540＋180＝720　720°かな

　三角形から五角形までの考察を振り返って，新しい課題を見いだすことが大切である。

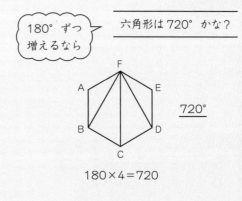

1 整数と小数

2 体積（直方体・立方体）

3 変わり方

4 小数のかけ算

5 小数のわり算

6 合同な図形

7 図形の角

8 整数の性質

9 分数と小数、整数の関係

本時の評価

・五角形の5つの角の大きさの和について，三角形や四角形の角の和を
もとに考え，その考えを説明することができる。

準備物

・五角形，六角形の図（提示用）

・五角形が書いてあるワークシート，六角形が書いてあるワークシート

どうやって求めれば
いいのかな？

$180 \times 3 = 540$
$\quad\quad\quad\quad 540°$

$360 + 180 = 540$
$\quad\quad\quad\quad 540°$

対角線で
三角形3つに
分けて考えた。

対角線で
四角形と
三角形にわけた。

形	三角形	四角形	五角形	六角形
角の大きさの和	180	360	540	720?

$\quad\quad\quad\quad$ +180 $\quad$ +180 $\quad$ +180

180° ずつ
増えるなら

六角形は 720° かな？

720°

$180 \times 4 = 720$

720°

$360 \times 2 = 720$

4 では，六角形をノートに書いて
角の和について考えてみようか

三角形に分けて考えたら，
$180 \times 4 = 720$　720°
になりました

四角形2つに分けたら，
$360 \times 2 = 720$
やっぱり 720° になり
ました

五角形，六角形と考察を進める中で，角の大
きさの和の求め方を確実に理解することと，
180° ずつ増えることに気付くことが大切である。

まとめ

五角形の角の大きさの和を求めるこ
とで，既習の形に分割すれば内角の和
が求められることを確実に理解するこ
とが大切である。

また，表に角の大きさの数値を整理
することで180°，360°，540° という変
化の様子から180° ずつ増えているこ
とに気付き，六角形の角の大きさの和も
180° 増えるのかという課題をつくる。

本時案

角の大きさの求め方の一般化

本時の目標

・七角形や八角形の角の大きさの和を求めることを通して，角の大きさの和の求め方を一般化することができる。

授業の流れ

1 今日は七角形や八角形の角の大きさを求めてみよう

もう簡単だよ

三角形に分けて求めればいいでしょ

六角形が 720° だったからそれに 180° たして 720＋180＝900
900° だと思います

　七角形や八角形の角の大きさの和は，今までの求め方で全員が求めることができるかを評価する。

　前時の表から見つけた180°ずつ増えるというきまりを用いて，六角形の角の大きさの和720°に180を足すという考えも期待できる。

○月□日（△）

七角形と八角形の角の大きさの和を求めよう。

七角形

六角形が 720° だから 720＋180＝900 900° かな。

$180 × 5 = 900$ 　　900°

$720 + 180 = 900$

2 三角形に分けて考えました

沢山の三角形に分かれたね。三角形の数を簡単に知る方法はないかな

七角形では，三角形は 5 個。八角形では三角形は 6 個だから，○角形の○－2 の数だけできます

$180 × 5 = 900$ 　900° です

3 八角形だったら，どんな式で角の大きさの和を求められると思いますか?

$180 × 6$ です

どうして 180×6 にしたのかな？

八角形は 8－2＝6，三角形が 6 個になると思うので，180×6 にしました

　角の大きさの和を求めるには，三角形の数が問題になる。そのことを意識して，三角形の数をもとにした求め方を言葉の式などにまとめる。

1	整数と小数
2	体積（直方体・立方体）
3	変わり方
4	小数のかけ算
5	小数のわり算
6	合同な図形
7	図形の角
8	整数の性質
9	分数と小数、整数の関係

本時の評価

・七角形や八角形の角の大きさの和を求めることを通して，角の大きさが180°ずつ増えることや，いつも三角形にわけて求めたらよいことを見つけることができる。

準備物

・七角形，八角形の図（提示用）
・七角形が書いてあるワークシート，八角形が書いてあるワークシート

円に点をうって直線で結べば多角形をかける。

八角形

七角形

なぜ180°ずつ増えるの？

前の図形に三角形を1こたした図形になるから。180°ずつ増える。

◎九角形だったら？

・1080＋180＝1260
・180×（9−2）＝1260

1260°

いつも三角形に分けて考えれば求めることができる。

180×6＝1080
__1080°__

三角形の数は□角形の（□−2）こになっている。

900＋180＝1080
__1080°__

1つ前の多角形に三角形を1つたした図形になっている。

図形	三角形	四角形	五角形	六角形	七角形	八角形
角の和	180	360	540	720	900	1080

---

4 七角形は，六角形の720°に180°を足せばいいです。だから，900°

どうして180°ずつ増えるのかな。不思議だね

わかった。六角形を七角形にするには，三角形を1つ足します。だから，角の大きさが180°増えると思います

　180°ずつ増える根拠は，五角形，六角形，七角形と繰り返し三角形に分割して角の大きさの和を求める経験が必要である。

まとめ

　本単元では，六角形から七角形，八角形と，角の大きさの和を求める問題を発展させて解決に取り組ませてきた。そうすることで，角の和の大きさが180°ずつ増えることや，三角形に分割して求めるときのきまりに気づく子どもが現れる。

　なぜ180°ずつ増えるのか，については，三角形が1つずつ増えることから説明することができる。

本時案

図形の角の活用

本時の目標

・2つの正三角形を組み合わせてできた形の中に様々な図形を見いだし，その根拠を角の大きさに着目して説明することができる。

授業の流れ

1 向かい合う辺は平行です。どんな図形が隠れているかな？

平行四辺形を見つけたよ

三角形もあります

　工作用紙で作った正三角形の枠を2つ用意して，重ねる様子を見せる。

　その形と同じ図形がかかれた用紙を提示し，平行な辺に記号をつけ，条件を丁寧に確認する。

○月□日（△）

合同な正三角形を2つ組み合わせて図形を作りました。
どんな図形がかくれているかな？

向かい合う辺はすべて平行です。

平行四辺形があった！

向かい合う辺が平行だから。

2 平行四辺形はどこにありますか？

ここです。（マジックでなぞる）

図形を見つけたら，その図形である理由を説明してみよう

向かい合う辺が平行だからです

　子どもが見つけた図形を色マジックでなぞり，はっきりと示したうえで，その理由をみんなで考える。

3 別の平行四辺形もあります

この場合も向かい合う辺が平行だから平行四辺形です

正三角形があります

どうして正三角形と言えるのかな？

　正三角形については，3つの角が60°であることを理由に説明する。三角形や四角形の内角の和や，平行線の性質を用いて演繹的に説明する。

1 整数と小数

2 体積（直方体・立方体）

3 変わり方

4 小数のかけ算

5 小数のわり算

6 合同な図形

7 図形の角

8 整数の性質

9 分数と小数、整数の関係

本時の評価

・２つの正三角形を組み合わせてできた形の中に平行四辺形や正三角形を見つけて，その根拠を角の大きさ等に着目して説明することができる。

準備物

・辺を工作用紙で作った正三角形２つの図（提示用）
・正三角形を組み合わせてできた形の図（提示用，ワークシート）

平行四辺形

同じく
向かい合う辺が
平行だから。

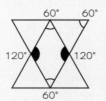

平行四辺形の
向かい合う角は
等しい。
だから
360－（60×2）＝240
240÷2＝120

平行四辺形

向かい合う辺が
平行だから。

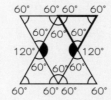

180－120＝60
180－60×2＝60
三角形の
全ての角が60°
だから正三角形。

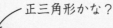
正三角形かな？

どうして正三角形と
言えるの？

周りの４つの三角形は
全て正三角形。

4 三角形の１つの角は，最初の正三角形の１つの角にあたるから，60°です

真ん中の平行四辺形の角の大きさは，60°と120°です。直線は180°だから，180－120＝60 なので，三角形のもう１つの角は 60°になります

ということは，180－60×2＝60
三角形の３つの角は，全て 60°
になります。だから正三角形です

まとめ

合同な正三角形２つを組み合わせてできる形の中には，平行四辺形や台形，正三角形が隠れている。

それぞれの図形を見つけて，その理由を図形の定義や性質をもとに説明する授業である。

正三角形については，すべての角の大きさが60°であることを理由に説明することができる。

8 整数の性質 （11時間扱い）

単元の目標
・整数は，観点を決めると偶数，奇数に類別されることを理解することができる。
・倍数，公倍数，最小公倍数，約数，公約数，最大公約数について知り，それらを求めたり，それら
　を問題解決に活用したりすることができる。

評価規準

知識・技能	①整数は観点を決めると偶数と奇数に類別されることを理解することができる。 ②約数，倍数について理解することができる。
思考・判断・表現	③かけ算やわり算に着目し，観点を決めて整数を類別する仕方を考えたり，数の構成について考えたりすることができる。
主体的に学習に 取り組む態度	④整数について，類別して集合と捉えたり，乗法的な構成に着目して集合を考えたりするなど，新たな視点から整数を捉え直そうとする。

指導計画　全11時間

次	時	主な学習活動
第1次 偶数と奇数	1	偶数や奇数の意味を言葉や図を用いて理解する。
	2	偶数や奇数の性質について，図を用いて理解する。
	3	奇数をピラミッドのように順に並べたときの，10段目の数の和について考える。
第2次 倍数	4	ゲームを通して，倍数と公倍数の意味について理解する。
	5	「倍数体操」を通して，公倍数の見つけ方を考える。
	6	公倍数を活用して問題を解決する。
	7	公倍数を活用して問題を解決する。
第3次 約数	8	約数と公約数の意味を理解する。
	9	落ちがないように約数の見つける方法を考える。
	10	公約数を活用して問題解決をする。
	11	公約数をうまく見つける方法を考える。

(1)偶数，奇数

　整数を2で割ると，余りは0か1になる。2で割ったときに余りが0になる整数を偶数といい，余りが1になる整数を奇数という。このように整数は，偶数と奇数に類別される。このような整数の見方を，日常生活の場面を問題にして，子どもに気づかせるように指導することが大切である。

(2)約数，倍数

　8を割り切ることができる整数（1，2，4，8）を8の約数という。また，4に整数をかけてできる整数（4，8，12，16，…）を4の倍数という。このとき，0は倍数に含めない。

　このような整数の見方を，偶数や奇数と同じように日常生活の場面を問題にして，子どもが自然に8の約数や4の倍数に気付くように指導することが大切である。日常生活の中に，それらの整数が使われていることを理解し，算数のよさを感じることができるからである。

　2つの整数の公約数や公倍数の集合は，それぞれの整数の約数や倍数からなる集合の共通な要素からなるものである。公約数の中の最大のものを最大公約数，公倍数の中の最小のものを最小公倍数というが，これらの指導についても，具体的な問題場面に即して行い，意味の理解を図ることが大切である。

(3)集合に共通な性質を見いだす

　偶数や奇数，ある数の倍数，約数について，それぞれそこに含まれる数全体を1つの集合として捉えることが大切である。ある数が，その集合にふくまれるかどうかを，根拠を明確にして考えることなどを通して，その集合がもつ共通の特徴を明らかにする。そのときには，表や数直線を用いて筋道を立てて考えることも大切である。

　例えば6×□で表される整数の集合（6の倍数）を考察の対象にする。子どもは九九の学習での「6の段」で表される範囲を超えて，無限に続くことを見いだすことができる。また，別の数で，例えば8×□で表される整数の集合を考えていくと，先ほどの6の倍数と共通の整数を見いだすことができる。24は6の倍数でもあり，8の倍数でもある。また，その先も共通の整数は48，72……と続いていく。このように考えていくことで，子どもの整数の見方が深まり，整数についての世界が広がっていくようにする。

1 整数と小数
2 体積（直方体・立方体）
3 変わり方
4 小数のかけ算
5 小数のわり算
6 合同な図形
7 図形の角
8 整数の性質
9 分数と小数，整数の関係

本時案

偶数と奇数の形

本時の目標

・偶数，奇数の意味を，言葉や図を用いて理解することができる。

授業の流れ

1 どんな数ならぴったり入るかな？

封筒から15枚の数字カードを出して裏にして黒板に貼る。めくるとだんごの数が書いてあることを伝える。

だんごを入れるパック（2列）の図を見せて，2列のパックにぴったり入る数を引いたら「当たり」ということを伝える。

指名した子どもに数字カードを引いてもらい，ぴったり入るかどうか図にかいて確認する。

偶数と奇数を2列の●の図に表して，偶数と奇数を吟味することがこのゲームのねらい。2時間目の偶数と奇数の加減の学習につながっていく。

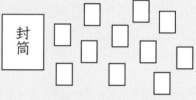

○月□日（△）

パックにぴったり入る数を引いたら当たり！

封筒

だんごを入れるパック

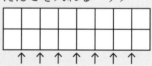

だんごを左からつめて入れて，
↑のところで切って，
ぴったり入っただんごパックを作ろう

2 ぴったり入る数はどんな数かな？

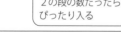

一の位が0，2，4，6，8の数だったらぴったりになるよ

2の段の数だったらぴったり入る

2でわり切れる数ならぴったり入るよ

数字カードを引くときの子どもの言葉をよく聞き，偶数や奇数を表す言葉を板書しておく。

3 ぴったり入る数を偶数と言います

2でわり切れる整数を偶数と言い，わりきれないで1あまる整数を奇数と言います

2列のパックにぴったり入る数が偶数，ぴったり入らない数が奇数だね

子どもの言葉を活かして偶数と奇数についての定義を教える。

偶数と奇数の形

134

1	整数と小数
2	体積（直方体・立方体）
3	変わり方
4	小数のかけ算
5	小数のわり算
6	合同な図形
7	図形の角
8	整数の性質
9	分数と小数、整数の関係

本時の評価

・2でわり切れる整数を偶数，2でわったときに1あまる整数を奇数ということを理解し，言葉や図を用いて説明することができる。また，整数を偶数か奇数に類別することができる。

準備物

・封筒
・だんごを入れるパックの図（提示用）
・1～15の数字カード（提示用）

<u>どんな数ならぴったり</u>
<u>だんごが入ったパックが</u>
<u>できるかな？</u>

$9 \div 2 = 4$ あまり 1
$6 \div 2 = 3$
$13 \div 2 = 6$ あまり 1
$8 \div 2 = 4$

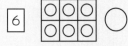

9  ×

ぴったり
入らない。

6 ○

13 ×

8 ○

ぴったり→2でわり切れる数。
ぴったりでない→2でわって1あまる数。

┌ まとめ ─
・2でわったとき、わり切れる整数を偶数という。
・わり切れないで1あまる整数を奇数という。
・0は偶数。$0 \div 2 = 0$

---

4 この数は偶数？奇数？

まだ封筒に数カードが入っていました。この数は偶数かな，奇数かな。（87を引く）

奇数です！

だって $87 \div 2 = 43$ あまり1だから

封筒にまだ数カードが残っていたというストーリーで適用問題を出す。

まとめ

今日はどんなことを学んだのかな

偶数と奇数について学びました

では，偶数とは何か，奇数とは何かを，ノートに書いたことを使って，隣の人と説明しあってみましょう

まとめでは，偶数と奇数について，言葉の定義だけでなく，本時で扱った図の形でもおさえておくことが大切である。

本時案

奇数は当たり！

本時の目標

・偶数と奇数の性質について，図を用いて理解することができる。

授業の流れ

1 奇数も混ぜてよ！

この封筒には偶数しか入ってないでしょ！

　3段のピラミッドの計算の仕方を伝え，1番上の□が奇数になったら当たりであることを伝える。

　封筒から数字カードを引いてもらい，1番下の段の□に順にあてはめて計算するが，いっこうに当たりにならない。子どもから偶数ばかり封筒から出ることに気付く発言が出てくる。

　AとBの封筒を見せておき，まずAから数カードを引かせる。偶数しか入っていないので1番上の□は奇数にならない。

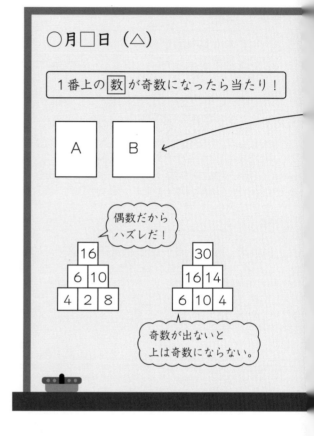

○月□日（△）

1番上の 数 が奇数になったら当たり！

| A | B |

偶数だからハズレだ！

```
    16
   6  10
  4  2  8
```

```
    30
  16  14
  6  10  4
```

奇数が出ないと上は奇数にならない。

2 Bの封筒からも引いてみよう

Aの封筒とBの封筒の数カードを交互に引いてください。奇数が出てくるからね

あれっ，やっぱり当たりにならない

　偶数（A），奇数（B），偶数（A）と引いても，1番上の□はやっぱり奇数にならない。

　奇数を入れたら当たりになると思っていた子どもに問いをもたせるしかけである。

3 1番上は奇数にならないのかな？

1番上は11とか13のような奇数にはならないのかな。考えてみよう

できたよ！1番下が2，4，1のときに11になる

偶数，偶数，奇数だ

　偶数，奇数，偶数だと奇数にならず，偶数，偶数，奇数だと奇数になる。なぜそうなるのか，ということを考えさせる。

1 整数と小数

2 体積（直方体・立方体）

3 変わり方

4 小数のかけ算

5 小数のわり算

6 合同な図形

7 図形の角

8 整数の性質

9 分数と小数、整数の関係

本時の評価

・偶数＋偶数＝偶数，奇数＋奇数＝偶数，偶数＋奇数＝奇数について，図を用いて説明することができる。

準備物

・封筒2つ
・1～12の数字カードを2セット
・ピラミッドの枠（提示用）

奇数を入れて計算したらできるかな？

> Bには奇数が入っているからね。

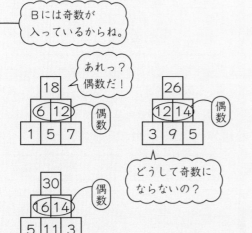

どうして奇数にならないのかな？

・2だん目が偶＋偶だと3だん目は、ぜったい偶になる。
・1だん目が奇＋奇＝偶だから、2だん目は両方とも偶になる。

どうすれば1番上が奇数になるのかな？

・2だん目を奇と偶にする。

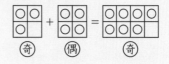

・そのためには1だん目を次のように入れる。

---

4 どうして偶数，偶数，奇数だと1番上が奇数になったのかな？

> 図で説明しよう

> 偶数＋偶数は必ず偶数になります

> 偶数＋奇数は奇数になります

前時に偶数と奇数を表した図を用いて説明する。長方形になれば偶数，長方形にならなければ奇数である。

まとめ

　一番上が奇数になるのは，（偶数，偶数，奇数）や（奇数，奇数，偶数）というように偶数か奇数が連続して2つ並ぶときだということがわかる。

　しかし，本時のねらいは，なぜそのように1段目の数を入れると1番上の数が奇数になるかを説明することである。

　図を用いて説明できるようになることが大切である。

本時案

10段目の奇数の和はいくつかな？

3/11

11

本時の目標

本時の目標

・1から順に奇数を三角形になるように並べたとき，10段目の奇数がいくつか，また，10段目の奇数の和について考えることができる。

授業の流れ

1 数カードをこのように並べていきます

あっ，奇数だ

三角形みたいに並べているよ

10段目の奇数の和はいくつかな？

奇数のカードを三角形型に並べる様子を見せ，子どもの気づきを拾いながら文章題を板書する。

10段目の奇数の和を求める問題を出して，どうやって10段目の数を見つけるかという問いを引き出し，めあてにする。

〇月□日（△）

奇数 を三角形になるように
並べていきます。
10だん目の数の和はいくつかな。

たとえば，2だん目の数の和は？
　　3＋5＝8

3だん目の数の和は？
　　7＋9＋11＝27

10だん目の数をどうやって見つけるか？

+2 　1
+4 　3
+6 　7
　　13

1＋2＋4＋6＋8＋10
＋12＋14＋16＋18
＝91

10だん目の左はしが91

2 どうやって10段目に並ぶ奇数を考えればいいのかな？

順番に書いていけばいいよ

そんな面倒なことをしなくても，左端の数だけ書いていけばいいと思います

例えば左端の数は，1，3，7，13，…となり，増える数が2ずつ増えている。だから，10段目の左端の数は91とわかる。

3 10段目の数は，10個だから，91，93，95，97，99，101，103，105，107，109です

両側をたすと200になって，そのペアが5個あるから，200×5＝1000です

どういう意味かわかるかな？

10段目の奇数の個数は，10個である。段数とその段にある数の個数が一致していることに気付かせたい。また，10段目の奇数の和は，工夫して求めさせることも重要である。

本時の評価

・10段目の数を見出したきまりを使って考えることができる。
・10段目の数の和を見つけたきまりを使ったり，計算の工夫をしたりして，求めることができる。

準備物

・ 1〜29までの奇数と
91〜109までの奇数の
数カード（提示用）

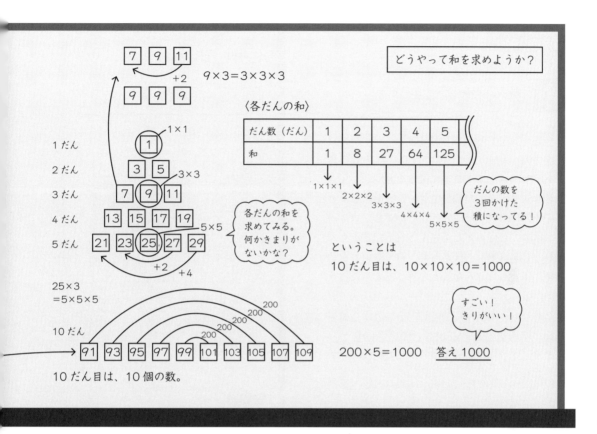

4 それぞれの段の和を求めて，何かきまりがないか調べました

1段目は1，2段目は8，3段目は27，4段目は64です

わかった！ 段の数を3回かけた数になっています！

立方数については，立方体の体積の学習で扱っておきたい。一辺2cmの立方体の体積は，$2 \times 2 \times 2 = 8$，8cm³というような例である。

まとめ

10段目の数の平均は100（10×10）である。それが10個分なので，10段目の数の和は，$10 \times 10 \times 10$になる。このような仕組みまで理解する必要はないが，本題材について考えることを通して，数の面白さを感じてほしい。

奇数の和は平方数になることはよく知られているが，立方数との関係もあることを知ることができる。

1 整数と小数

2 体積（直方体・立方体）

3 変わり方

4 小数のかけ算

5 小数のわり算

6 合同な図形

7 図形の角

8 整数の性質

9 分数と小数，整数の関係

本時案

倍数ゲーム

本時の目標
・倍数と公倍数について理解をすることができる。

授業の流れ

1 数カードでゲームをしよう

数カードを12枚黒板に貼る。

2でわり切れる数と3でわり切れる数を取りあうゲームをすることを伝える。

教師対子どもの対戦型でゲームを始める。どちらを取るかを選び，交互に1枚ずつ取りあう。さて，どちらがたくさんとれるだろうか。

しかし，なかなか子ども側が勝てない。そのとき，子どもはどんなことを言ってくるだろうか。

このゲームは，2でも3でもわり切れる数を先に取ると相手よりもカードを取れるゲームである。どうしたら勝てるのか，という問いをもたせたい。

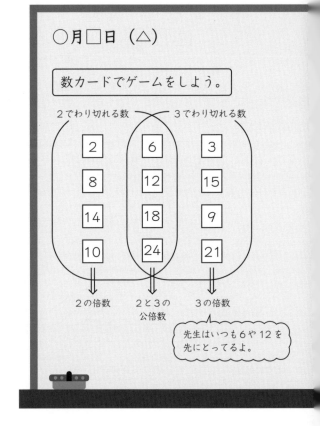

○月□日（△）

数カードでゲームをしよう。

2でわり切れる数 ／ 3でわり切れる数

2	6	3
8	12	15
14	18	9
10	24	21

2の倍数　　2と3の公倍数　　3の倍数

先生はいつも6や12を先にとってるよ。

2 どうしたら勝てるのかな？

もう1回やろう

先生は6とか12をいつも先にとってる

そうか，2でも3でもわり切れる数を先にとっているんだ！

子どもの気づきをもとに，ゲームの必勝法をまとめる。その際，自然にベン図を板書し，ノートに写させて，説明に用いさせる。重なるところが公倍数である。

3 2でわり切れる整数を2の倍数，3でわり切れる整数を3の倍数と言います

2でも3でもわり切れる整数は，2と3の公倍数と言います

公倍数を先にとるようにすれば勝てるんだね

0は倍数にいれないことを伝えておく。

本時の評価

・倍数や公倍数の意味を理解し，ある整数の倍数を考えることができたり，ゲームに勝つために公倍数を見つけたりすることができる。

準備物

・ゲームに使う数カード（提示用）

どうしたら勝てるのかな？

・先に２でも３でもわり切れる数をとる。自分しかとれない数は後でとるようにする。

２でわり切れる数を
２の倍数
３でわり切れる数を
３の倍数
２でも３でもわり切れる数を
２と３の公倍数という。

6の倍数になっているよ！

3の倍数と4の倍数でゲームをしよう。

どうやって公倍数を見つければいいかな？

表に整理しよう。

3の倍数	9	12	15	18	24	27	36		48
4の倍数	8	12	16		24	28	36	40	48

×2　×3　×4

12の倍数が公倍数になっている。

4 次は3の倍数と4の倍数でゲームをしてみよう

3と4の公倍数を考えて先に取ればいいんだよね

どうやって見つければいいのかな

　２人に１組ずつ数カードを配付し，子ども同士でゲームをさせる。公倍数を見つけるために，それぞれの倍数を順にノートに記述し，両方に共通の倍数を探すようにする。

まとめ

　本時は，ゲームを通して倍数と公倍数の意味を理解し，整数をある整数の倍数や公倍数として見ることができるようにすることがねらいである。

　倍数の意味は，最初は２でわり切れる数を２の倍数といった文言で定義する。ただし，ある整数の倍数をつくるときには，もとの整数を整数倍して見つけるようにすればよいことに気付かせる。

第

本時案

倍数体操

本時の目標
・表や数直線を用いて公倍数の見つけ方を考えることができる。

授業の流れ

1 倍数体操をしよう！

これから倍数体操のやり方を説明します。1から12まで数を数えます。2の倍数のときに右手を上げてください（教師が12まで数えて，実際にやってみる）

3の倍数のときに左手を上げます。これもやってみましょう（教師が12まで数えて，実際にやってみる）

では，2と3の倍数を同時にやってみましょう
（各自練習をさせてからみんなでやってみる）

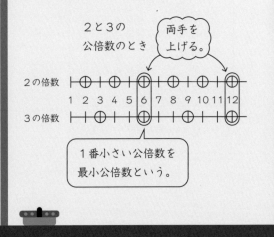

○月□日（△）

倍数体操をしよう。

① 1～12まで数えます。（先生）
② 2の倍数のときに右手。
③ 3の倍数のときに左手。

2と3の
公倍数のとき　　両手を上げる。

2の倍数
1 2 3 4 5 6 7 8 9 10 11 12
3の倍数

1番小さい公倍数を最小公倍数という。

---

2 両手を上げる数はどんな数？

書いて調べてみよう

6と12でした

2と3の公倍数です

もし12より先までやるとしたら，次に両手をあげるのはいくつのときかな？

書いて調べたり，体操をして調べたりすると面倒である。そのため，きまりを見つけるよさが強調される。

---

3 6の倍数が公倍数になってる！

6，12，18，24，30…が2と3の公倍数です

最初の公倍数がわかれば，あとはその倍数で公倍数を見つけることができます

1番小さい公倍数を最小公倍数と言います

---

1 整数と小数

2 体積（直方体・立方体）

3 変わり方

4 小数のかけ算

5 小数のわり算

6 合同な図形

7 図形の角

8 整数の性質

9 分数と小数、整数の関係

本時の評価

・最小公倍数を 2 倍，3 倍，…とすることで，他の公倍数を見つけることができることを説明することができる。

4 の倍数を入れたらどうなるのかな。

④ 4 の倍数のときには立ちます。
（イスを少し引いておく。）

少し練習タイム！

〈気づいたこと〉

4→2 と 4 の最小公倍数。

6→2 と 3 の最小公倍数

8→2 と 4 の公倍数

12→2 と 3 と 4 の公倍数

次は 12×2＝24
24 が 2 と 3 と 4 の
公倍数なのかな？

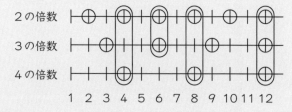

2 の倍数
3 の倍数
4 の倍数
1 2 3 4 5 6 7 8 9 10 11 12

4 次は 4 の倍数を入れて体操をするよ

4 の倍数のときに立ちましょう。
1，2，3，4，5，6，7……

では 2 と 3 と 4 の倍数体操をしましょう。各自練習をしてみようか

あれっ？ 12 のときに両手を上げて立つので，12 は 2 と 3 と 4 の公倍数ってことかな

まとめ

　前時に学習した倍数を使って遊ぶ。そして，遊びをきっかけにして公倍数の見つけ方を考えることがねらいである。

　公倍数は，各整数の倍数を順に書き上げて共通する倍数を見つける方法がある。その他には，最小公倍数の倍数を調べることで，その他の公倍数を見つける方法もある。それぞれの見つけ方を理解できるように授業を展開する。

本時案

公倍数の活用Ⅰ

本時の目標

・長方形のタイルをしきつめて正方形をつくる
　問題について，公倍数を活用して解決するこ
　とができる。

授業の流れ

1 たて 6 cm，横 8 cm のタイルをす
き間なく並べて正方形を作ります。
タイルは全部で何枚必要かな？

問題場面のイメージをするために，ノートに
図をかき，黒板にも書いてみて，みんなで理解
を共有することが大切である。

○月□日（△）

たて 6cm、横 8cm の長方形の
タイルを下のようにすき間なく
ならべて、正方形を作ります。
タイルは何まい必要ですか。

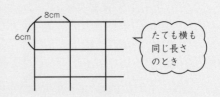

たても横も
同じ長さ
のとき

6と8の公倍数をさがせばいい。

6　12　18　24　30

8　16　24　32

一辺の長さが24cm

2 どうやって求めればいいのかな？

たて横2枚ずつのときは，
たて が 6×2＝12，横 が
8×2＝16 だよね

そうか。6と8の公倍数が
一辺の長さになるんだ！

図を黒板に書くときに，例えばたて横2枚
ずつ並べたら，たての長さが 6×2＝12，横の
長さは 8×2＝16，とかけ算で見ていくと，公
倍数が関係することに気付きやすい。

3 どうして公倍数なの？

どうして公倍数が関係す
るのか，隣の人と相談し
てみよう

たては6cmの2倍，3倍，…となり，
横は 8 cm の2倍，3倍，…となりま
す。同じ倍数のときが正方形だから，
公倍数を考えればいいと思います

問題解決に公倍数が用いられることの意味を
全員で理解することが重要である。

1 整数と小数

2 体積（直方体・立方体）

3 変わり方

4 小数のかけ算

5 小数のわり算

6 合同な図形

7 図形の角

8 整数の性質

9 分数と小数、整数の関係

どうやって求めればいいかな？

一辺が24cmの正方形ができる。

24÷8＝3　（横のまい数）
24÷6＝4　（たてのまい数）

4×3＝12　どういう意味かな？

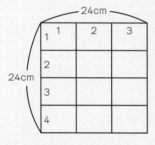

24cm を 8cm ずつわけると 3 まい分。
6cm ずつわけると 4 まい分。
たて 4 まい、横 3 まいだから
4×3＝12 で求められる。

ほかの正方形もできるかな？

24 は最小公倍数。
公倍数はたくさんあるから、
辺の長さがちがう正方形ができる。

6、12、18、24、30、36、42、48、54
8、16、24、32、40、48、56、64、72

24 の倍数を考えれば、
公倍数が見つかる。

〈一辺 48cm の正方形の場合〉
48÷8＝6、48÷6＝8
8×6＝48
48まい

4 ほかの正方形もできるよ

どういうこと？

だって，公倍数は，24 だけでなく，48 とか，72 とかたくさんあるからです

最小公倍数の 24（cm）は，一番小さい正方形ということです

　最小公倍数を一辺の長さにするとき，最小の正方形ができる。その他の公倍数でも正方形ができることをおさえておく。

まとめ

　長方形のタイルを敷きつめて正方形をつくるときの一辺の長さを考える問題は，定番の問題である。

　ただ解決できればよいのではなく，元の長方形のたてと横の長さの公倍数を用いて解決する意味を全員が説明できることが必要である。

　公倍数の意味理解を深め，活用できるようになることをねらいとする。

本時案

公倍数の活用 II

7/11

・2台，または3台のバスが，次に同時に発車するのは何時何分かについて，公倍数を用いて解決することができる。

授業の流れ

1 次に同時に発車するのは何時何分かな？

どうやって考えればいいのかな？

数直線の図に書いてみればいいと思います

5と12の公倍数を考えればいいと思います

これまでに倍数体操や正方形のタイルの問題を経験し，公倍数の意味や活用について学習してきている。それらの学習を生かして見通しを立てたり，解決の方法を考えたりすることが大切である。

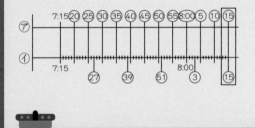

○月□日（△）

駅前から㋐と㋑のバスが出ています。

㋐ 病院行き　5分おきに発車
㋑ 商店街行き　12分おきに発車

午前7時15分に同時に発車しました。次に同時に発車するのは何時何分ですか。

---

2 数直線に表してみると，ちょうど1時間後の午前8時15分に同時に発車することがわかります

5と12の最小公倍数が60なので，60分後が次の同時に発車する時刻になります

公倍数を求めるときには，大きい数の倍数を先に考えて，その倍数がもう一方の数の倍数にあるかを考えると簡単であることを確認する。

3 新しい路線ができました。ウは，18分おきに発車します。3つのバスが次に同時に発車するのは何時何分かな？

5と12と18の最小公倍数を考えればいいよね

3つの数の公倍数の意味は，倍数体操の授業の時に確認している。

1 整数と小数

2 体積（直方体・立方体）

3 変わり方

4 小数のかけ算

5 小数のわり算

6 合同な図形

7 図形の角

8 整数の性質

9 分数と小数、整数の関係

本時の評価

・次に同時本時の評価・・に発車するバスの時刻について，公倍数を活用して問題を解決することができる。

どうやって考えればいいのかな？

・図にしてみる。→数直線に表す。

・5と12の最小公倍数を考える。

12、24、36、48、(60)

5、10、15、20、25、30、35、40、45、50、55、(60)

ちょうど60分後（1時間後）に同時発車する。

7時15分＋1時間＝8時間15分

答え午前8時15分

新しい路線ができました。
⑦港行き　18分おきに発車

⑦⑦⑦のバスが
次に同時に発車するのは
何時何分ですか。

午前7時15分→次は？

・5と12と18の最小公倍数を
考える。

・5と12の最小公倍数が
60だから、60の倍数に
18の倍数があるかどうかを
考えればいい。

180は
18の倍数

$60 \div 18 = 3$ あまり6

$120 \div 18 = 6$ あまり12

$180 \div 18 = 10$

180分後（3時間後）に同時に発車。

180が
5と12と18の
最小公倍数

4 5と12の公倍数が60だから，
60の倍数に18の倍数があるかど
うか考えればいいよ

$60 \div 18$ はわり切れない。
$120 \div 18$ もわり切れない。
$180 \div 18 = 10$ わり切れたか
ら180は18の倍数です

　60は5と12の公倍数なので，60の倍数は5
と12の公倍数になる。5と12と18の公倍数を
見つけるときには，60の倍数の中に18の倍数
があるかどうか考える方法がある。

まとめ

　前時に続いて，倍数の活用問題であ
る。

　2つの数の公倍数，3つの数の公倍
数を活用して問題を解決することで，
倍数や公倍数を日常生活の問題に活用
できる力を育てる。

　公倍数を見つけるときに，大きな数
の倍数を先に考えた方が合理的である
ことなど，公倍数の見つけ方も考察の
対象にしていくようにする。

本時案

あまりなくわける ことができる 人数は何人かな？

8/11

本時の目標

・約数と公約数について理解をし，その意味を具体的な場面をもとに説明することができる。

授業の流れ

1 あまりが出ないようにわけます。何人なら分けられますか？

イチゴとレモンのあめを3人であまりが出ないようにわけます

えっ，レモンにあまりが出るよ

そうだね。では，何人ならあまりが出ないように分けられるかな

　イチゴ12個，レモン8個という数を3人で分ける場合，レモンにあまりが出てしまう。子どもたちはこのことを指摘するだろう。そこで，何人で分ければイチゴもレモンもあまりが出ないように分けられるかを問題にする。

　このような流れで自然に課題をつくるようにする。

○月□日（△）

イチゴとレモンのあめを
3人であまりが出ないようにわけます。

イチゴ ○○○○○○○○○○○○ 12個
レモン ○○○○○○○○ 8個

レモンに
あまりが出るよ！

12÷3＝4
8÷3＝2あまり2

何人ならあまりが出ないように
わけられるかな？

イチゴとレモンそれぞれで
あまりなく分けられる人数を考える。

---

2 どうやって考えようか？

イチゴはイチゴ，レモンはレモンで何人であまりなく分けられるか考えてみればいいと思います

イチゴは1人，2人，3人，4人，6人，12人で分けられるよ

レモンは1人，2人，4人，8人で分けられます

---

3 両方ともあまりなく分けられるのは，1人，2人，4人だね

12を割り切ることができる数1，2，3，4，6，12を12の約数と言います。8を割り切ることができる数1，2，4，8を8の約数と言います。
そして，両方とも割り切ることができる数1，2，4を12と8の公約数といいます

---

1 整数と小数

2 体積（直方体・立方体）

3 変わり方

4 小数のかけ算

5 小数のわり算

6 合同な図形

7 図形の角

8 整数の性質

9 分数と小数、整数の関係

本時の評価

・イチゴ味のあめ12個とレモン味のあめ8個をあまりなくわけることができる人数を考え，約数と公約数の意味を説明することができる。

準備物

・丸い磁石（提示用）

| イチゴをわけられる人数 | ① | ② | 3 | 4 | 6 | 12 | → 12の約数 |
| レモンをわけられる人数 | ① | ② | 4 | 8 | | | → 8の約数 |

イチゴもレモンもあまりなく
分けられる人数は
（1人、2人、4人）ただし、
1人で分けるとは言わないので、2人と4人。

メロン味のあめが14個あります。
イチゴもレモンもメロンもあまりなく
分けることができる人数は何人ですか。

12をわり切ることができる数を
12の約数と言う。
（1、2、3、4、6、12）
8の約数は
1、2、4、8

| メロンをわけられる人数 | ① | ② | 7 | 14 |

ということは、（~~1人~~、2人）共通

4 メロン味のあめが14個あります。

イチゴもレモンもメロンも
全部あまりなく分けること
ができる人数は何人かな

14個のあめが1人，2人，4人で
分けられるかを考えればいいよ

最初に問題場面を提示するとき，たくさんの種類のあめがあることを伝えておき，自然にメロン味が出てくるようにする。

まとめ

　イチゴ味のあめを12個とレモン味のあめを8個を，3人で分けるという違和感のある問題を扱うところがポイントになる。3人ではあまりなくわけることができない。その際，何人ならうまくわけることができるのかを問題にする。子どもは用語は知らないが，いわゆる約数や公約数を自然に用いる。教師は，適切なタイミングで用語を教えることになる。

本時案

約数の個数

本時の目標

・約数の見つけ方を考え，落ちや重なりがないように約数を見つけることができる。

授業の流れ

1 この4つの数の中で約数が多いのはどれかな？

84です。一番大きいから

60が多そうだよ

では，約数を求めてみましょう

　約数が多くある4つの数を見せて，約数が一番多い数を予想させる。

　そして，実際に求めさせた際，全部の約数を求めるのに苦労している子どもや，約数を正確に求めることができていない子どもの様子を取り上げる。

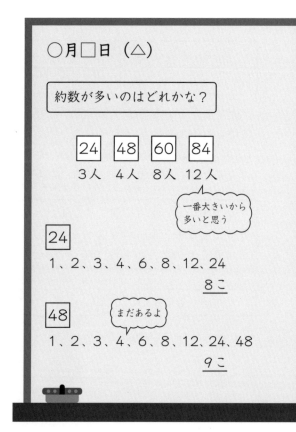

○月□日（△）

約数が多いのはどれかな？

24	48	60	84
3人	4人	8人	12人

一番大きいから多いと思う

24
1、2、3、4、6、8、12、24
　　　　　　　　8こ

48　まだあるよ
1、2、3、4、6、8、12、24、48
　　　　　　　　9こ

---

2 求められそうですか？

たくさんあるから面倒です

48の約数は，これで全部かな

どうすれば落ちや重なりがないように約数を見つけられるかな

　子どもの問題意識から，めあてを決める。

3 48の約数がこれで全部かどうか調べるには，組を作ればいいと思います

1×48＝48，2×24＝48，3×12＝36。あれっ，3のペアがないよ

3×16＝48，16がなかったんだ

　積が48になるかけ算の式のかけられる数とかける数は，48の約数になる。そのことを活かした検証の仕方である。

1 整数と小数

2 体積（直方体・立方体）

3 変わり方

4 小数のかけ算

5 小数のわり算

6 合同な図形

7 図形の角

8 整数の性質

9 分数と小数、整数の関係

どうすれば落ちがないように
約数を見つけられるかな。

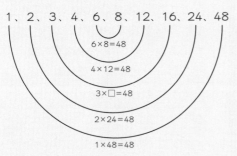

1、2、3、4、6、8、12、16、24、48

6×8＝48
4×12＝48
3×□＝48
2×24＝48
1×48＝48

48÷1＝48
48÷48＝1 ｝反対の関係

上のように組をつくると積が48になる。
3×□＝48 □＝48÷3＝16
だから 16 がぬけていた。

60
1 2 3 4 5 6
60 30 20 15 12 10 　12こ

約数を書くときにペアを作りながら書く。

84
1 2 3 4 6 7
84 42 28 21 14 12 　12こ

60 と 84 が多い。
積が同じになる約数のペアを
作るように約数を書くと落ちが出にくい。

4 それでは，最初からペアを作るように約数を考えたらいいと思います

60 の約数だと，60÷1＝60，
60÷2＝30，60÷3＝20，
60÷4＝15…

84も12個で同じだ！

60 は 12 個あったよ

まとめ

　例えば，12の約数を見つけるときに，順に小さい数でわって調べる。12÷1＝12，12÷2＝6，12÷3＝5…。
　割り切れたとき，わる数は約数と判断するが，このとき商も12の約数になっている。このことを利用して1回の計算で2つの約数を見つける方法を見いださせる。

本時案

約数の活用

本時の目標
・しきつめる正方形の一辺の長さを求めるのに，長方形のたてと横の長さの公約数を求めればよいことを理解することができる。

授業の流れ

1 たて12cm，横18cm の長方形の中に合同な正方形の紙をしきつめます

すき間なくしきつめられるのは，正方形の一辺の長さが何 cm のときかな

一辺が 1 cm の正方形ならしきつめられるよ

一辺が 2 cm でも大丈夫だよ

問題に対して，まずは感覚的に結果の見通しをもたせるようにする。

簡単にわかるところからイメージをふくらましたり，数学的な意味を考えたりすることが大切である。

○月□日（△）

たて 12cm と横 18cm の長方形の中に合同な正方形の紙をしきつめます。すきまなくしきつめられるのは，正方形の一辺の長さが何 cm のときですか。

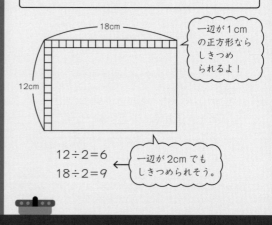

一辺が 1 cm の正方形ならしきつめられるよ！

18cm

12cm

$12 \div 2 = 6$
$18 \div 2 = 9$

一辺が 2cm でもしきつめられそう。

2 1 辺が 1 cm ならどうしてしきつめられるの？

$12 \div 1 = 12$，$18 \div 1 = 18$，たてに 12 個，横に 18 個の正方形が並ぶからです

一辺が 2 cm なら，$12 \div 2 = 6$，$18 \div 2 = 9$ だから，たてに 6 個，横に 9 個の正方形が並びます

わり算の式を取り上げることによって，約数が関係することに気付かせる。

3 12と18の公約数が正方形の一辺になっています

なんで12と18の公約数なの？

正方形は，たても横も長さが等しいから，長方形のたてと横の長さが同じ数でわれたときに正方形がしきつめられることになるんだね

なぜ12と18の公約数が正方形の一辺の長さになるのか，その意味を図をもとに考えさせる。

1	整数と小数
2	体積（直方体・立方体）
3	変わり方
4	小数のかけ算
5	小数のわり算
6	合同な図形
7	図形の角
8	整数の性質
9	分数と小数、整数の関係

本時の評価

・長方形の中に合同な正方形を敷き詰めるとき，すきまなく敷き詰められるのは正方形の一辺が何cmのときかを考える問題について，公約数を活用して問題を解決することができる。

準備物

・長方形の画用紙（提示用），敷き詰める正方形の画用紙（提示用）

どうやって調べればいいかな？

一辺の長さが1cmのとき、
2cmのとき、と順に表に整理してみる。
（長さは整数で考える。）

しきつめられるいちばん大きい
正方形の一辺の長さは
何cmと言えますか？

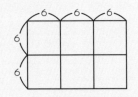

6cm

一辺の長さ（cm）	1	2	3	4	5	6	7	8	9
たてのまい数（まい）	12	6	4	3	×	2	×	×	×
よこのまい数（まい）	18	9	6	×	×	3	×	×	2

すき間ができる…×

12と18の公約数を調べれば、
すきまなくしきつめられる正方形の一辺の長さがわかる。

12と18のいちばん
大きい公約数は6。
この数を12と18の
最大公約数と言う。

---

4 表に整理して順に調べてみよう

どうして表にするの？

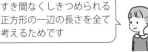すき間なくしきつめられる
正方形の一辺の長さを全て
考えるためです

　表に整理することで，最大公約数がしきつめられる最大の正方形の一辺の長さを表すことに気付かせる。

まとめ

　公約数がどのような問題解決場面で活用されるかを経験し，約数や公約数が日常生活に使えることを理解することが大切である。

　本時の問題は，教科書などでもよく用いられるが，なぜ正方形の一辺の長さと公約数が関係するのかについて，その意味を説明できるようになることが重要である。

本時案

公約数の
見つけ方

本時の目標

・公約数を見つける時に，小さい方の数の約数
を先に調べれば，効率よく公約数を見つける
ことができることを理解する。

授業の流れ

1 封筒の中に2つの数が書いてあるカードが入っています。引いてみるので，公約数を求めてみましょう。（カードを引いて2つの数を見せる）

> 4と6だ。公約数は1と2です

> 次は，6と18です

> 公約数は，1，2，3です

　封筒から出る2つの数の公約数を求めるという設定。

　少しずつ2つの数の差が大きいカードが出てくる。極端な場合を見せて，公約数を上手く見つける方法に気づかせるためである。

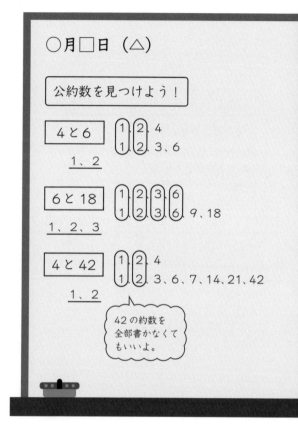

○月□日（△）

公約数を見つけよう！

4と6　　1 2 4
　　　　1 2 3、6
　　1、2

6と18　　1 2 3 6
　　　　1 2 3 6 9、18
　1、2、3

4と42　　1 2 4
　　　　1 2 3、6、7、14、21、42
　　1、2

> 42の約数を全部書かなくてもいいよ。

2 次はどんな数かな。（カードを引く）

> 4と42だ（4の約数と42の約数を全部書き出して見つけようとする）

> 42の約数は，全部書かなくてもいいよ

　大きい方の数の約数を全部書き出さなくてもいいことに気付かせたい。

3 どうして42の約数は全部書かなくてもいいの?

> だって，4の約数は1と2と4でしょ。
> その3つの数が42の約数の中にあるかどうかを考えればいいから

> そうかあ

　なぜ42の約数を全部書き上げなくてもよいのかについて，全ての子どもが説明できるように配慮する。

1 整数と小数

2 体積（直方体・立方体）

3 変わり方

4 小数のかけ算

5 小数のわり算

6 合同な図形

7 図形の角

8 整数の性質

9 分数と小数、整数の関係

・2つの整数の公約数を簡単に見つける方法を考え，説明することができる。

・2つ，ないし3つの整数が書かれたカード（提示用）

公約数をうまく見つける
方法を考えよう。

| 14 と 60 |

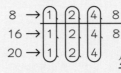

小さい方の
数の約数を
先に調べる。

1、2、7、14

14の約数で60をわって
公約数を調べる。

60÷1＝60　1は公約数になる。
60÷2＝30
60÷7＝8　あまり4
60÷14＝4　あまり4
公約数は 1、2

60の約数は、
14までの数を調べる。

14 → ①、②、7、14
60 → ①、②、3、4、5、6、10、12

1、2

| 8 と 16 と 20 |

まずいちばん小さい8の
約数を考える。

8 → ① ② ④ 8
16 → ① ② ④ 8
20 → ① ② ④

16と20の
約数かどうか
を調べる。

公約数 1、2、4

いちばん小さい数の約数を考えて、
ほかの数の約数かどうか調べる。

---

4 次のカードは，14と60です。
どうやって考えますか

14の約数を先に考えます。
1，2，7，14です

60の約数にその4つの数
があるか調べます。1と
2が公約数です

14と60の公約数を見つける問題が，本時の
ねらいを達成できたかどうかの評価問題として
位置づけられる。

まとめ

　公約数を見つける方法を見いだすこ
とが本時のねらいである。
　板書には，3つの数の公約数を見つ
ける問題まで発展させている。発展さ
せた問題でも小さい数の約数から考え
て，その方法が使えるか考える姿を期
待したい。

9 分数と小数，整数の関係　（5時間扱い）

単元の目標

- 整数÷整数の商は，分数で表すことができることを理解する。
- 分数と整数，分数と小数の関係を理解し，分数を小数で表したり，小数や整数を分数で表したりすることができる。

評価規準

知識・技能	①整数及び小数を分数の形に直したり，分数を小数で表したりすることができる。 ②整数のわり算の結果は，分数を用いると常に1つの数として表すことができることを理解する。
思考・判断・表現	③数を構成する単位に着目し，数の相等及び大小関係について考察することや，分数の表現に着目し，わり算の結果の表し方を振り返り，分数の意味をまとめることができる。
主体的に学習に 取り組む態度	④整数及び小数と分数との関係や，わり算の結果を表す分数の意味について考えようとする。

指導計画　全5時間

次	時	主な学習活動
第1次 商分数と倍を表す分数	1	商分数の意味を理解する。
	2	商分数を活用して考える。
	3	2つの数量の倍関係を表す分数について理解する。
第2次 分数と小数，整数の関係	4	分数を大きさの順に並べる問題では，小数に直した方が簡単であることに気づく。
	5	小数を分数に直す方法について考える。

(1)分数と整数，小数の関係

　整数，小数と分数の関係を理解する際に，整数と分数，小数と分数は別なものではなく，表記は違っても数としては同じものを表していることを理解することが大切である。

　一般に，ある整数 a を分数に表したいときは，$a = \frac{a}{1}$ とすればよい。しかし，整数を分数で表したときの分母は，必ずしも 1 とは限らず，分母のとる値によって分子の値が決まる。例えば，$3 = \frac{3}{1} = \frac{6}{2} = \cdots$などとなる。

　小数を分数の形に表すには，分母として10，100，1000などを用いる。例えば，0.17は0.01の17個分，すなわち $\frac{1}{100}$ の17個分にあたるので，$\frac{17}{100}$ と表すことができる。

　また，分数を整数や小数に表すことも学ぶ。例えば，$\frac{2}{5} = 2 \div 5$ とみて，0.4と表すことができる。なお，分数には有限小数では表せないものもある。例えば，$\frac{1}{3} = 0.333\cdots$ となり，有限小数では表すことができない。

(2)わり算の結果と分数

　2つの整数のかけ算については，その計算の結果を常に整数で表すことができる。これに対して，2つの整数のわり算は，商を小数までわり進めても割り切れない場合があり，必ずしも計算の結果を整数や有限小数で表すことができるとは限らない。

　このとき，$a \div b$（a，b は整数で b は 0 ではない）の商を $\frac{a}{b}$ という分数で表すと，どのようなときでもわり算の結果を 1 つの数で表すことができる。その際，$8 \div 4 = 2$ や $3 \div 5 = 0.6$ のように商が整数や小数になる場合も分数で表すことができることを理解することが大切である。

(3)分数の意味をまとめる

　分数の意味について，次のようにまとめることが大切である。$\frac{3}{5}$ を例にして述べる。
①具体物を 5 等分したものの 3 つ分の大きさを表す。
②$\frac{3}{5}$ L，$\frac{3}{5}$ m のように，測定したときの量の大きさを表す。
③1 を 5 等分したもの（単位分数 $\frac{1}{5}$）の 3 つ分の大きさを表す。
④A は B の $\frac{3}{5}$ のように，B を 1 としたときの A の大きさの割合を表す。
⑤整数の除法「$3 \div 5$」の結果（商）を表す。

　分子と分母によって表される分数の表現に着目し，はしたの大きさ，量の大きさ，割合など，これまでの分数の意味について振り返りながら，分数には商を表す意味もあるというように，分数の意味を拡張して捉えることができるようにすることが大切である。

本時案

どうやって
表せばいいかな？

1／5

本時の目標

・わり算の商を表す方法を考え，わり算の商は
分数で表すことができることを理解する。

授業の流れ

1 1人分は何Lかな？

□にどんな数を当てはめると
求められそうですか

わり切れる数。3L！

6L

1L

　子どもたちに求めやすい数値を考えさせ，求
めさせる。

　3Lや6Lは，3でわり切れる簡単な整数で
あることから，子どもから出てくることが予想
される。

　そこで，「小さい数なら簡単だよね」と言っ
て，1Lを提案する。これについては，図を書
くなどして，$\frac{1}{3}$Lであることを確認する。

○月□日（△）

□Lのジュースを3人で等分します。
1人分は何Lですか。

□にどんな数をあてはめる？

□＝3　3÷3＝1　1L

□＝6　6÷3＝2　2L

□＝1　1÷3＝$\frac{1}{3}$　$\frac{1}{3}$L

　　　1Lの3等分だから。

□＝2のとき
1人分のジュースの量は何L？

---

2 2Lはどうかな？

2÷3＝0.666…　わり切れないよ。
うまく表せない

1Lは分数で表し
たから分数で表せ
ないかな

図で考えてみよう

---

3 どうやって表せばいいかな？

1Lを3等分すると$\frac{1}{3}$L
だから，2Lだと$\frac{1}{3}$Lが
2つ分だよね

だから，$\frac{2}{3}$Lになる

　図を用いて2÷3の答えが$\frac{2}{3}$Lになることを
全員が説明できるようにすることが大切であ
る。

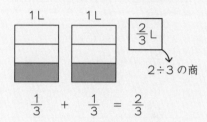

$2 \div 3 = 0.666\cdots$

小数ではうまく表せない。

どうやって表せばいいのかな。

1L　1L

$\dfrac{2}{3}$ L

$2 \div 3$ の商

$\dfrac{1}{3} + \dfrac{1}{3} = \dfrac{2}{3}$

1L ずつで考えると，
$\dfrac{1}{3}$ L と $\dfrac{1}{3}$ L だから
合わせて $\dfrac{2}{3}$ L になる。

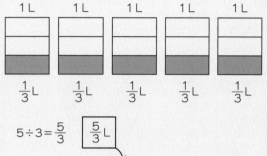

□＝5 のときは，
1人分は何 L かな?

1L　1L　1L　1L　1L

$\dfrac{1}{3}$ L　$\dfrac{1}{3}$ L　$\dfrac{1}{3}$ L　$\dfrac{1}{3}$ L　$\dfrac{1}{3}$ L

$5 \div 3 = \dfrac{5}{3}$

$\dfrac{5}{3}$ L

$5 \div 3$ の商

わり算の商は分数で
表すことができる。

$\Box \div \bigcirc = \dfrac{\Box}{\bigcirc}$

わる数が分母
わられる数が
分子になる。

4 □がどんな数のときに，同じように分数で表した方がいいのかな?

5 L だと3でわり切れないから，分数がいいと思います

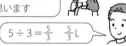

$5 \div 3 = \dfrac{5}{3}$　$\dfrac{5}{3}$ L

　適用題もして，わり算の商は分数で表すことができることをまとめる。わり切れないときに分数でうまく表せるよさを理解する。

まとめ

　わり算で問題を解決する場面で，わり切れないでうまく表すことができない経験をする。

　その問題意識のもと，図で考えることによって分数ですっきりと表せることに気付くという授業の構成をすることが大切である。

　商分数の意味を理解した上で，商分数の形式を教える。

1 整数と小数

2 体積（直方体・立方体）

3 変わり方

4 小数のかけ算

5 小数のわり算

6 合同な図形

7 図形の角

8 整数の性質

9 分数と小数，整数の関係

本時案

$\frac{3}{4}$ m を考えよう

2/5

本時の目標

・3mの紙テープから，商分数の考えを用いて，$\frac{3}{4}$ m を見いだすことができる。

授業の流れ

1 3mの紙テープをグループごとに配ります。$\frac{3}{4}$ m を切り取ってもってきてください

1mの定規を使っていいですか

折ればできるよ

$\frac{3}{4}$ m をどう解釈するかが問題になる。「4等分したうちの3つ分」と捉えた班は，3mの紙テープを2回折って4等分し，その3つ分の長さを持ってくる。

$\frac{3}{4}$ m を「1mの$\frac{3}{4}$の長さ」と考えた班は，1mを切り取り，その1mの紙テープの$\frac{3}{4}$を持ってくる。

$\frac{3}{4}$ m を 3÷4 の答えと考えた班は，3mを4等分した1つ分の長さを持ってくる。

○月□日（△）

グループごとに3mの紙テープをわたします。$\frac{3}{4}$ m を切ってもってきましょう。

$\frac{3}{4}$ m ってどんな長さかな？

$\frac{1}{4}$ m が3つ分の長さ。

1mを4つに分けた3つ分の長さ。

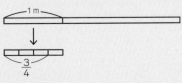

3mの紙テープから1mを切りとり，1mを4等分したうちの3つ分の長さ。

---

2 あれっ？2種類の長さが集まったよ。どう考えたのか発表しよう

3mの紙テープを2回折って4等分して，その3つ分の長さです

私たちも同じように折って4等分したけど，1つ分の長さをもって行きました

1mを切り取り，1mを4等分したうちの3つ分の長さを切り取りました

---

3 どちらが $\frac{3}{4}$ m かな？

3mの紙テープを2回折って4等分したうちの3つ分の長さは，3mの$\frac{3}{4}$であって，$\frac{3}{4}$mではないよ

3÷4＝0.75だから，75cmが$\frac{3}{4}$m。4等分したうちの1つ分の長さと同じだ

3÷4＝0.75だから，0.75m（75cm）であること。また，1mを基準に，その$\frac{3}{4}$の長さが$\frac{3}{4}$mであるという量分数の知識を用いて答えを確認する。

1	整数と小数
2	体積（直方体・立方体）
3	変わり方
4	小数のかけ算
5	小数のわり算
6	合同な図形
7	図形の角
8	整数の性質
9	分数と小数、整数の関係

本時の評価

・3 m の紙テープから $\frac{3}{4}$ m の長さを切り取るとき，$\frac{3}{4}$ m が 3 m の紙テープを 4 等分したうちの 1 つ分の長さであることを，商分数の考えで説明することができる。

準備物

・3 m の紙テープ（提示用と児童操作用）

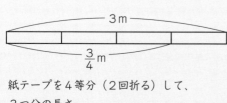

3m
$\frac{3}{4}$ m

紙テープを 4 等分（2 回折る）して，3 つ分の長さ。

これはおかしい。$\frac{3}{4}$ m は 1 m が基準になる。3 m が基準ではない。

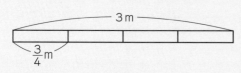

3m
$\frac{3}{4}$ m

3 m の紙テープを 4 等分してその 1 つ分の長さ。

どうしてこれが $\frac{3}{4}$ m ？

3 m の紙テープを 4 等分したうちの 1 つ分がどうして $\frac{3}{4}$ m なの？

3 m を 4 等分した式

$3 \div 4 = \frac{3}{4}$ (m)　　　$3 \div 4 = 0.75$　　<u>0.75 m</u>

わり算の商は分数で表せるから。

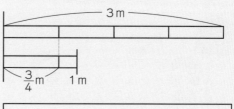

3m
$\frac{3}{4}$ m　1 m

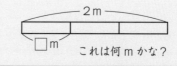

2m
□ m　これは何 m かな？

$2 \div 3 = \frac{2}{3}$　　<u>$\frac{2}{3}$ m</u>

4 どうして 3 m の紙テープを 4 等分したうちの 1 つ分が $\frac{3}{4}$ m なの？

3 m を 4 等分した長さは，3 ÷ 4 で求めます。3 ÷ 4 = $\frac{3}{4}$ で，$\frac{3}{4}$ m です

3 m を 4 等分した長さは $\frac{3}{4}$ m なんだね

3 m を 4 等分した長さが $\frac{3}{4}$ m であることを説明できるようにする。

まとめ

　今までは，$\frac{3}{4}$ m の意味は，$\frac{1}{4}$ m の 3 つ分という捉え方をしがちであった。しかし，商分数を学習したので，$\frac{3}{4}$ m は，3（m）÷ 4 の商という意味を理解している。

　具体的な問題場面で，その知識を用いることで，商分数の意味理解を深めることが大切である。

本時案

リボンの長さは何倍？

本時の目標

・2つの数量の倍関係を分数で表すことができ，その意味やよさを理解することができる。

授業の流れ

1 □は□のリボンの長さの何倍かな？　□には色が入ります。どんな色だと求めやすいかな？

赤は青の何倍だと簡単

4÷2＝2
2倍だよ

　易から難への展開である。整数倍から小数倍に展開し，商分数を生かして分数倍で表現すれば簡単であることを理解させる授業構成である。

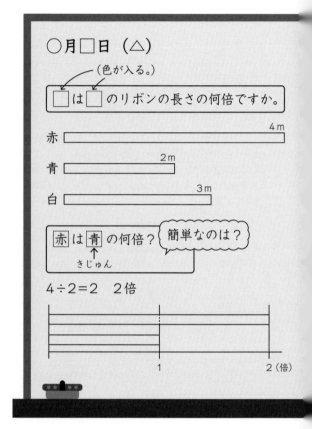

○月□日（△）

（色が入る。）

□は□のリボンの長さの何倍ですか。

赤　［――――――――――――］4m
青　［――――――］2m
白　［――――――――――］3m

赤は青の何倍？　簡単なのは？
　↑
きじゅん

4÷2＝2　2倍

1　　　　　　2（倍）

2 青は赤の何倍？はどうかな

赤と青を反対にしたんだね

じゃあ，2倍の反対だから0.2倍？

図で見たら，0.2倍は変だよ

3 基準となる量でわるから，
2÷4＝0.5　だから0.5倍だよ

図で表すと，ちょうど半分だから，$\frac{1}{2}$倍ともいえる

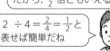
$2 ÷ 4 = \frac{2}{4} = \frac{1}{2}$と表せば簡単だね

　図で表して，青のリボンが半分であることから，$\frac{1}{2}$という分数の表現を引き出す。
　または，わり算の式から商分数の表現を引き出すこともできる。

1 整数と小数

2 体積（直方体・立方体）

3 変わり方

4 小数のかけ算

5 小数のわり算

6 合同な図形

7 図形の角

8 整数の性質

9 分数と小数、整数の関係

本時の評価

・2量の倍関係を分数で表すことができ，そのよさを実感することができる。

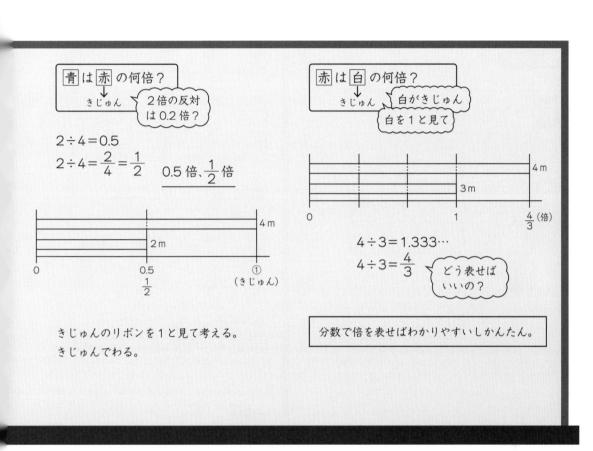

青 は 赤 の何倍？

↓
きじゅん

2倍の反対は0.2倍？

$2 \div 4 = 0.5$

$2 \div 4 = \frac{2}{4} = \frac{1}{2}$

0.5倍、$\frac{1}{2}$倍

きじゅんのリボンを1と見て考える。
きじゅんでわる。

赤 は 白 の何倍？

↓
きじゅん

白がきじゅん

白を1と見て

$4 \div 3 = 1.333\cdots$

$4 \div 3 = \frac{4}{3}$

どう表せばいいの？

分数で倍を表せばわかりやすいしかんたん。

4 赤は白の何倍？

基準でわるから，$4 \div 3 = \frac{4}{3}$
$\frac{4}{3}$倍です

$4 \div 3 = 1.333\cdots$だから，分数で表した方がすっきりする

計算しないでいいから簡単です

まとめ

　2つの数量の倍関係においても商分数を用いれば簡単に表せることを実感することが大切である。

　小数倍で表す場合は，計算が必要だが，分数倍で表す時にはその手間がいらない。また，小数倍の時には，わり切れない場合があるが，分数倍はその心配はいらずすっきりと表すことができる。

本時案

小さい順に
並べよう

本時の目標

・分数の大きさを比較するときに，小数にして比較することができ，そのよさを理解することができる。

授業の流れ

1 分数を小さい順にならべよう

面倒！

どうして面倒だと思うの？

だって分母をそろえないといけないから

分数で表現されているので，既習の分数の大小比較の経験から分母をそろえるというイメージを持っている。

小数にして比較するよさを理解するには，通分して比較する苦労も味わわせたい。

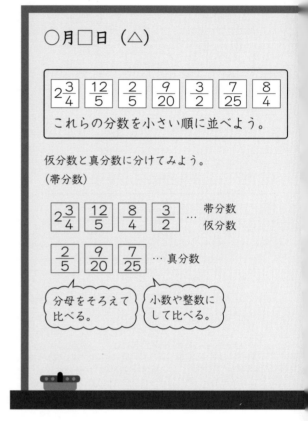

○月□日（△）

$2\frac{3}{4}$ | $\frac{12}{5}$ | $\frac{2}{5}$ | $\frac{9}{20}$ | $\frac{3}{2}$ | $\frac{7}{25}$ | $\frac{8}{4}$

これらの分数を小さい順に並べよう。

仮分数と真分数に分けてみよう。
（帯分数）

$2\frac{3}{4}$ | $\frac{12}{5}$ | $\frac{8}{4}$ | $\frac{3}{2}$ … 帯分数
　　　　　　　　　　　　　　　　　仮分数

$\frac{2}{5}$ | $\frac{9}{20}$ | $\frac{7}{25}$ … 真分数

分母をそろえて比べる。

小数や整数にして比べる。

2 仮分数と真分数にわけて考えたらいいと思います

そうだね。真分数は，$\frac{2}{5}$，$\frac{9}{20}$，$\frac{7}{25}$

仮分数は $2\frac{3}{4}$，$\frac{12}{5}$，$\frac{8}{4}$，$\frac{3}{2}$ です

仮分数は，公倍数を調べて，分母を20にしたらいい

仮分数の方は，いくつかな？難しい

3 小数にして比べたらどうかな？

計算が大変じゃない？

でも，分母をそろえる方が大変だよ

やってみよう！

分母をそろえるには，公倍数を考える必要がある。数値によっては，大きな数になってしまい，計算が大変であることを理解させる。

分母をそろえて
比べられるかな？

$$2\frac{3}{4} = \frac{11}{4} = \frac{55}{20}$$

> 分母の 4 と 5 と 2 の公倍数を分母とする。

$$\frac{12}{5} = \frac{48}{20}$$

$$\frac{8}{4} = \frac{40}{20} \qquad \frac{30}{20} < \frac{40}{20} < \frac{48}{20} < \frac{55}{20}$$

$$\frac{3}{2} = \frac{30}{20}$$

$$\frac{2}{5} = \frac{40}{100}$$

> 5 と 20 と 25 の最小公倍数は 100。

$$\frac{9}{20} = \frac{45}{100}$$

$$\frac{7}{25} = \frac{28}{100} \qquad \frac{28}{100} < \frac{40}{100} < \frac{45}{100}$$

ということは、$\boxed{\frac{7}{25}}$ $\boxed{\frac{2}{5}}$ $\boxed{\frac{9}{20}}$ $\boxed{\frac{3}{2}}$ $\boxed{\frac{8}{4}}$ $\boxed{\frac{12}{5}}$ $\boxed{2\frac{3}{4}}$

小数や整数にして
比べられるかな？

$$2\frac{3}{4} = 2 + \frac{3}{4} \qquad \frac{3}{4} = 3 \div 4 = 0.75$$

$$2\frac{3}{4} = 2.75$$

$$\frac{12}{5} = 12 \div 5 = 2.4$$

$$\frac{8}{4} = 8 \div 4 = 2 \qquad \frac{3}{2} = 3 \div 2 = 1.5$$

$$\frac{2}{5} = 2 \div 5 = 0.4 \qquad \frac{9}{20} = 9 \div 20 = 0.45$$

$$\frac{7}{25} = 7 \div 25 = 0.28$$

> 分数はわり算の商と考えて小数や整数にした方が大きさを比べやすい。

---

4 小数にした方が簡単だよ

整数になるのもあったよ

分数と小数、整数との関係を理解し、目的に応じてその関係や表現を使えるようにする。

まとめ

　前時には、倍関係について、分数を用いて表すよさを学習している。

　本時は、分数の大小比較について、商分数の考えを生かして、分数を小数や整数に直すことで大きさを比較しやすいことを学ぶ。

　いずれにしても、分数と小数、整数の表現について、目的に応じて使い分けることが大切である。

1 整数と小数

2 体積（直方体・立方体）

3 変わり方

4 小数のかけ算

5 小数のわり算

6 合同な図形

7 図形の角

8 整数の性質

9 分数と小数、整数の関係

本時案

分数に
表せるかな？

本時の目標

・$\frac{1}{10}$ の位，$\frac{1}{100}$ の位の小数を分数にすることができる。

授業の流れ

1 封筒から出した小数を分数にしましょう

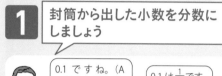

0.1 ですね。（A の封筒から出す）

0.1 は $\frac{1}{10}$ です

では，次はだれかに引いてもらいますね

はい，引きたいです。0.4 でした

それは，$\frac{4}{10}$ です！

$\frac{1}{10}$ の位までの純小数は，0.1 $= \frac{1}{10}$ をもとに考えることができる。3年生で既習の内容でもある。

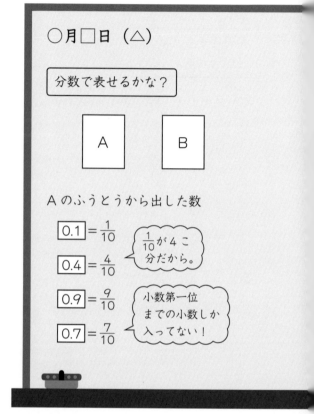

○月□日（△）

分数で表せるかな？

| A | B |

A のふうとうから出した数

$\boxed{0.1} = \frac{1}{10}$

$\frac{1}{10}$ が 4 こ分だから。

$\boxed{0.4} = \frac{4}{10}$

$\boxed{0.9} = \frac{9}{10}$

小数第一位までの小数しか入ってない！

$\boxed{0.7} = \frac{7}{10}$

2 次は，Bの封筒からひいてみましょう。0.01ですね

分数では，$\frac{1}{100}$ です

どうして $\frac{1}{100}$ なの？

0.01 を 10 倍すると 0.1 です。$\frac{1}{100}$ を 10 倍すると $\frac{10}{100} = \frac{1}{10}$ になるからです

0.01 $= \frac{1}{100}$ については，理由を考えさせるようにする。

3 次は，誰かひいてください

0.29 だ

0.01 が 29 個分だから，$\frac{29}{100}$ です

0.01は先に教師が引いて $\frac{1}{100}$ であることを確認しておく（偶然引いたように見せる）。あとは，子供たちに自由に数カードを引かせるようにする。

分数に表せるかな？
166

本時の評価

・$\frac{1}{100}$ までの位まである小数を分数に直すことができ，その方法を説明することができる。

準備物

・封筒 2 枚
・小数のカード（提示用）

Bのふうとうから出した数

$\boxed{0.01} = \frac{1}{100}$

$\boxed{0.29} = \frac{29}{100}$

0.29 は 0.01 が 29 こ分。
だから $\frac{1}{100}$ が 29 こ分。

$\boxed{0.43} = \frac{43}{100}$

$\boxed{0.87} = \frac{87}{100}$

$\boxed{1.57} = ?$

1.57 = 1.57 は分数で表せるのかな？

・1.57 = 1 + 0.57
　0.57 = $\frac{57}{100}$　だから $1\frac{57}{100} = \frac{157}{100}$

・1.57 は 0.01 が 157 こ分。
　だから $\frac{1}{100}$ が 157 こ分。$\frac{157}{100}$

$\boxed{2} = \frac{2}{1}$

小数は 10、100 などを分母とする
分数で表すことができる。
整数は、1 などを分母とする
分数で表すことができる。

4 もう 1 枚カードが残っていました。1.57です

これは分数に表せるのかな

1 + 0.57 と見たら，1 と $\frac{57}{100}$ です

ということは，$\frac{157}{100}$と仮分数にもできるね

　帯小数を最後に出して，子どもたちに考えさせる。帯小数と帯分数が関連づけられるようにする。

まとめ

　本時の活動の最後には，$\frac{1}{10}$ の位までの小数は10を分母，$\frac{1}{100}$ の位までの小数は100を分母にすればよいとまとめる。ちなみに，整数は1を分母にすると分数に表すことができる。

　小数と分数，整数の関係を表現を通して理解させることが大切である。

右側のインデックス：

1 整数と小数
2 体積（直方体・立方体）
3 変わり方
4 小数のかけ算
5 小数のわり算
6 合同な図形
7 図形の角
8 整数の性質
9 分数と小数、整数の関係

第5時

167

全12巻単元一覧

監修者・著者紹介

[総合企画監修]

田中　博史（たなか　ひろし）

真の授業人を育てる職人教師塾「授業・人」塾主宰。前筑波大学附属小学校副校長，前全国算数授業研究会会長，筑波大学人間学群教育学類非常勤講師，学校図書教科書「小学校算数」監修委員。主な著書に『子どもが変わる接し方』『子どもが変わる授業』『写真と対話全記録で追う！　田中博史の算数授業実況中継』（東洋館出版社），『子どもに教えるときにほんとうに大切なこと』（キノブックス），『現場の先生がほんとうに困っていることはここにある！』（文溪堂）等がある。

[著　者]

盛山　隆雄（せいやま　たかお）

筑波大学附属小学校　教諭。横浜国立大学大学院教育学研究科数学教育専攻修了。学習院初等科教諭を経て，現職。全国算数授業研究会　常任理事，隔月刊誌『算数授業研究』編集委員，教科書「小学算数」（教育出版）編集委員，志の算数教育研究会（志算研）代表。2011年，「東京理科大学　第4回《数学・授業の達人》大賞」最優秀賞受賞。主な著書に，『数学的活動を通して学びに向かう力を育てる算数授業づくり』，『「数学的な考え方」を育てる授業』（東洋館出版社）等，また主な編著書に，『めあて＆振り返りで見る　算数授業のつくり方』（明治図書），『11の視点で授業が変わる！算数教科書アレンジ事例40』（東洋館出版社）等がある。

『板書で見る全単元・全時間の授業のすべて　算数　小学校5年上』
付録DVDビデオについて

・付録DVDビデオは，盛山隆雄先生による「単元5　小数のわり算　第1時」の授業動画が収録されています。

【使用上の注意点】
・DVDビデオは映像と音声を高密度に記録したディスクです。DVDビデオ対応のプレイヤーで再生してください。
・ご視聴の際は周りを明るくし，画面から離れてご覧ください。
・ディスクを持つときは，再生盤面に触れないようにし，傷や汚れ等を付けないようにしてください。
・使用後は，直射日光が当たる場所等，高温・多湿になる場所を避けて保管してください。

【著作権について】
・DVDビデオに収録されている動画は，著作権法によって守られています。
・著作権法での例外規定を除き，無断で複製することは法律で禁じられています。
・DVDビデオに収録されている動画は，営利目的であるか否かにかかわらず，第三者への譲渡，貸与，販売，頒布，インターネット上での公開等を禁じます。

【免責事項】
・このDVDの使用によって生じた損害，障害，被害，その他いかなる事態についても弊社は一切の責任を負いかねます。

【お問い合わせについて】
・このDVDに関するお問い合わせは，次のメールアドレスでのみ受け付けます。　tyk@toyokan.co.jp
・このDVDの破損や紛失に関わるサポートは行っておりません。
・DVDプレイヤーやパソコン等の操作方法については，各製造元にお問い合わせください。

板書で見る全単元・全時間の授業のすべて

算数 小学校 5 年上
～令和 2 年度全面実施学習指導要領対応～

2020（令和 2）年 4 月 1 日　初版第 1 刷発行
2024（令和 6）年 4 月 1 日　初版第 4 刷発行

監　　　修：田中　博史
著　　　者：盛山　隆雄
企画・編集：筑波大学附属小学校算数部
発 行 者：錦織　圭之介
発 行 所：株式会社東洋館出版社
　　　　　〒101-0054　東京都千代田区神田錦町 2 丁目 9 番 1 号
　　　　　　　　　　　　　　　　　コンフォール安田ビル 2 階
　　　代　　表　電話 03-6778-4343　FAX 03-5281-8091
　　　営 業 部　電話 03-6778-7278　FAX 03-5281-8092
　　　振　　替　00180-7-96823
　　　Ｕ　Ｒ　Ｌ　https://www.toyokan.co.jp

印刷・製本：藤原印刷株式会社

装丁デザイン：小口翔平＋岩永香穂（tobufune）
本文デザイン：藤原印刷株式会社
イラスト：小林裕美子（株式会社オセロ）
DVD 制作：株式会社 企画集団 創

ISBN978-4-491-03993-0　　　　　　　　　　Printed in Japan